비블리아 고서당
— 시오리코 씨와 인연이 이어질 때 사건수첩
湘南モノレ
深沢駅

원제 biblia koshodou no jikentecho 5

비블리아 고서당 사건수첩 5

— 시오리코 씨와 인연이 이어질 때

古書堂の事件手帖

미카미 엔 지음, 최고은 옮김

비블리아 고서당 사건수첩 5
- 시오리코 씨와 인연이 이어질 때

1판 7쇄 발행 2021년 10월 22일 | **지은이** 미카미 엔 | **옮긴이** 최고은 | **펴낸이** 신현호
편집장 김승신 | **편집** 권세라 | **북디자인** 이혜경디자인 | **본문조판** 한방울
흑백 일러스트 녹시 | **마케팅** 김민원 | **관리** 조인희
펴낸곳 (주)디앤씨미디어 | **출판등록** 2002년 4월 25일 제 20-260호
주소 서울시 구로구 디지털로 26길 111 JnK디지털타워 503호
전화번호 02.333.2513 | **팩스** 02.333.2514

ISBN 978-89-267-7057-3 (04830)
ISBN 978-89-267-9364-0 (SET)

정가 12,000원

비블리아 고서당 사건수첩 5

ビブリア古書堂の事件手帖 5

프롤로그

리처드 브라우티건 『사랑의 행방』 (신초문고)

일을 마무리하지 못한 까닭에 정기휴일이지만 가게에서 작업을 해야 했다.

서가 사이의 통로에 주저앉아 책장에서 꺼낸 고서를 끈으로 묶었다. 이 작업이 끝나면 책을 안채의 창고로 옮기고, 빈 공간에는 그저께 매입한 고서를 진열하려고 한다.

이곳은 기타가마쿠라 역 근처의 비블리아 고서당. 이름을 보면 알겠지만 고서를 판매하는 곳이다.

바쁜 출근시간이 지난 평일 오전, 가게 앞길에는 인적이 드물었다. 요코스카 선 열차가 지나가고 나면 가게 안에 들리는 건 우리가 내는 작은 소리뿐이었다.

고서를 묶는 작업이 일단락되자 나는 일어나 가게 안쪽을 돌아봤다. 계산대 너머에 있는 긴 머리 여성은 쌓아놓은 고서에 가격을 매기고 있었다.

책 상태와 간기면을 확인하면 단 1초도 망설이지 않는다. 아직 20대 중반이고 나와 나이도 얼마 차이 나지 않는데, 벌써 몇 십 년은 이 일을 계속해온 사람 같았다.

오늘은 하얀 블라우스 차림에 하나로 묶은 머리를 오른쪽으로 늘어뜨리고 있었다. 윤기 흐르는 머리카락이 봉긋한 가슴까지 흘러내렸다. 안경알 너머의 까만 눈동자가 빛나는 것 같았다.

그녀는 귀걸이 같은 액세서리를 하지 않았다. 드러난 왼쪽 귀가 신경이 쓰이는지, 다음 책을 집으며 이따금 손가락으로 귀를 만지작거렸다.

그녀는 매력적인 사람이다. 그것은 나 혼자만의 생각은 아닐 터였다. 가게에 온 남자 손님이 책과 잔돈을 받으려다 그녀를 보고 놀라 숨을 삼키는 장면을 여러 차례 봤다. 그녀가 계산대 앞에 있을 때에만 이런저런 이야기를 늘어놓는 사람들도 한둘이 아니었다.

물론 그런 남자들의 반응을 본인이 전혀 알아채지 못한 것도 아니었다. 그럴 때마다 살짝 시선을 돌리고 애매한 미소로 넘기는 게 보통이었다.

지난달, 내가 고백했을 때도 그런 표정을 지었던 까닭에 나는 진땀을 흘리며 필사적으로 설명했다. 이곳에서 처음 봤을 때, 그녀의 어떤 점에 끌렸는지, 지금 나에게 얼마나 소중한 사람인지.

그날, 그녀는 열심히 책을 읽고 있었다. 외면의 아름다움에 눈길을 빼앗겼다는 사실을 부정하지는 않겠다. 하지만 내 마음에 더욱 와 닿은 것은 고서를 들고 책장을 넘길 때의 즐거운 표정이었다. 그녀는 무의식적으로 휘파람을 불고 있었다. 멜로디도 엉망이고 어설퍼서 지금도 무슨 곡이었는지는 모른다.

지금도 가격을 매기며 휘파람을 불고 있다. 마지막 책에 가격을 써넣은 그녀가 고개를 들었다.

"끝났어요."

그녀는 미소 띤 얼굴로 말했다. 넋 놓고 보는 내 시선을 눈치채고 있었던 걸까. 나는 태연한 척 계산대로 다가가 책 등을 확인하는 시늉을 했다.

"……빛나는 계절에."

갑자기 나지막한 목소리가 들렸다. 네? 나는 그렇게 되물었다.

"누가 그 꽃을 노래했는가."

그녀의 눈은 내가 아니라 더 아득한 먼 곳을 바라보고 있었다. 통로에 놓인 낡은 간판 너머, 부드러운 햇살이 쏟아지는 유리문 너머. 열차 승강장 너머로 보이는 산줄기에는 꽃이 진 벚나무가 다른 신록과 어우러져있었다.

"찰나의 나에게 흘러가는 시간이여."

그것은 5월을 노래한 시의 한 구절이었다. 그녀가 좋아한다고 했던 시. 얼마 전에 이 시가 실린 초판본을 보았다. 나는 힐끗 달력을 보았다.

오늘은 아직 5월이다. 5월 31일. 때문에 무의식적으로 나온 것이리라.

많은 일이 일어난 5월이었다. 하지만 나에게 가장 중요한 일은 아직 해결되지 않았다. 안채로 통하는 문은 굳게 닫혀있었다. 지금 안에는 아무도 없다. 우리 둘뿐이다.

나는 어흠, 하고 헛기침을 하고 꼿꼿이 허리를 폈다. 일하는 중이었지만 지금 여기서 이야기해야겠다고 생각했다. 평소와는 다른 낌새를 눈치챘는지, 그녀는 내 얼굴을 바라보았다.

"저기."

나는 말문을 열었다. 저도 모르게 큰 소리를 냈다.

"지난달 그 일의 답을 듣고 싶은데요."

답이란 내가 한 고백의 대답이었다. 그녀는 5월 중에 답을 주겠다고 했다. 그리고 오늘은 5월 마지막 날이었다. 벌써 두 달이나 얌전히 기다린 건 뭔가 깊은 사정이 있다는 걸 알기 때문이었다. 이유 없이 답을 미룰 사람이 아니었다. 그럴 작정이었으면 처음부터 정중히 거절했으리라.

"기다리게 해서 죄송해요."

그녀는 정중히 고개를 숙였다.

"오늘 말씀드리려고 했어요. 일이 끝나면요."

그러면 나중에 이야기하자는 말은 하지 않았다. 이미 꺼낸 말이었고, 가게 문을 닫을 즈음에는 안채에 사람이 있을 수도 있었다. 처음 그녀와 만난 이곳에서 단둘이 있을 때 답을 듣고 싶었다.

"좋아한다는 말을 들었을 때 기뻤어요."

그녀는 망설이지 않고 분명히 말했다.

"하지만 어떻게 대답해야 할지 혼란스러웠어요……. 지금까지 제 말로 마음을 전하고 싶다고 생각했던 적이 없었거든요. 글자로 된 누군가의 말들에 둘러싸여있는 편이 훨씬 좋았고요."

가격을 매긴 문고본 표지를 가녀린 손가락으로 어루만졌다.

리처드 브라우티건의 『사랑의 행방원제 The Abortion』, 신초문고.

그녀는 상식을 뛰어넘는 고서 마니아였다. 단순히 수집하는 것뿐 아니라 무엇 하나 놓치지 않겠다는 듯 숙독하여 자신의 지식으로 만드는 데 기쁨을 느끼는 사람이었다. 나와 같이 있을 때도 책 이야기가 아닌 이야기를 한 적은 거의 없었다.

"하지만 당신에게는 저를…… 제가 어떤 사람이고, 어떤 생각을 하는지 제대로 알아줬으면 해요."

나는 그녀의 의도를 읽으려 애썼다. 사귀겠다는 건지, 거절한다는 건지, 그 어느 쪽으로도 해석할 수 있는 말이었다. 나는 꼼짝하지 않고 숨죽인 채 기다렸다.

대체 그녀는 어떻게 대답하려는 것일까.

"전 당신을……."

『彷書月刊』— 弘隆社·彷徨舍

01

월간 호쇼

고류샤 · 호코샤

월간 호쇼 | 彷書月刊

1985년 9월에 호코샤(구 고류샤)에서 창간한 일본의 월간지. 고서와 고서점을 테마로 한 정보지로 각 호마다 다른 특집기사와 책에 관한 연재, 고서시장 정보 및 고서점 카탈로그를 실었다. 2010년 10월호(300호)로 휴간되었다.

—

야마다 후타로 | 山田風太郎, 1922~2001

일본의 소설가. 전기伝奇소설, 추리소설, 시대소설 등 오락소설 분야에서 특히 두각을 나타냈다. 대표작 『코가인법첩』을 비롯한 《인법첩 시리즈》를 통해 기괴한 술법을 사용하며 신출귀몰하는 '닌자'의 이미지를 대중에게 각인시켰다. 인법첩 시리즈는 영화, 만화, 애니메이션으로도 만들어졌다. 2010년 그의 이름을 딴 '야마다 후타로 상'이 만들어졌다.

1

계단을 내려가 빌딩 밖을 바라보자 아까보다 세찬 빗줄기가 보였다.

입구에는 서늘한 습기가 감돌고 있었다. 4월치고는 쌀쌀한 날씨였다. 차양 밖으로 얼굴을 내밀었다. 하늘이 환한 걸 보면 얼마 있다가 그칠지도 모른다.

나, 고우라 다이스케는 도쓰카의 고서회관에 있었다.

어제, 내가 일하는 기타가마쿠라의 고서점 비블리아 고서당에서 장기에 관한 고서를 매입했는데, 유감스럽게도 우리가 취급하지 않는 장르였다. 그래서 다른 고서점에 양도하기 위해 조합에서 주최하는 고서 교환전에 출품하려고 가지고 온 것이다.

"서두를 필요 뭐 있어. 이런 날씨에는 손님도 안 들 테고."

차양 아래 있는 흡연구역에서 누가 말을 걸었다.

은테안경을 쓴 호리호리한 남자가 재떨이 앞에서 담배를 들고 서있었다. 자기 나름의 개성인지 상하의 모두 시커먼 색이었지만 앞치마는 새빨갰다. 20대 후반이나 삐죽삐죽 난 턱수염 탓에 그보다는 더 나이 들어 보였다.

남자의 이름은 다키노 렌조. 고난다이에 있는 다키노북스의 아들로, 최근 부모에게 가게를 물려받았다고 들었다. 나처럼 책을 출품하러 왔다가 방금 전에 작업을 마쳤다.

평소에는 볼일이 끝나면 바로 가버리는 그가 이렇게 느긋하게 있는 건 드문 일이었다.

"시노카와가 있잖아."

시노카와라는 이름을 들은 순간, 계산대 앞에 앉은 긴 머리 여성의 모습이 머릿속에 떠올랐다. 지금쯤 파는 책들을 펼쳐놓고 잡아먹을 듯 열심히 읽고 있을지도 모른다. 둘도 없는 '책벌레'라 손님이 없으면 그녀를 말릴 사람은 없다.

그녀는 시노카와 시오리코. 내 고용주이기도 했지만, 나에게 그녀의 존재는 그뿐만이 아니었다. 상대에게 내가 어떤 존재인지는 잘 모르겠지만.

"일이 있어서요. 인터넷 판매요."

"아, 란포 책을 엄청 들여왔다고 했지. 인터넷으로 팔려고?"

"네. 일부지만요."

이달 초, 에도가와 란포의 저작과 관련 서적을 망라한 귀중한 컬렉션을 매입했다. 귀한 물건은 인터넷으로 팔기로 해서 가게 홈페이지의 통판목록을 조금씩 업데이트하는 중이었다. 올리자마자 주문이 들어와서, 줄곧 목록을 갱신하며 상품도 발송해야 하는 상황이었다.

"역시 주인이 지진 때문에 내놓은 건가?"

"글쎄요……. 계기가 된 건 맞는 것 같지만."

동일본을 덮친 대지진이 일어난 지 채 두 달도 되지 않았다. 가게에 따라서는 일시적으로 고서 매입이 늘어났다고 들었다. 강력한 지진을 겪으며 대량의 장서를 두는 게 위험하다고 느낀 이들도 있겠지. 하지만 이번에는 조금 사정이 달랐다.

시오리코 씨는 세상을 떠난 란포 수집가가 남긴 수수께끼를 풀어 귀중한 친필 원고가 든 금고를 열었다. 그 보수로 우리가 제시한 가격으로 책을 매입한 것이다.

시오리코 씨에게는 고서점 주인 외에도 또 하나의 얼굴이 있다. 고서에 얽힌 수수께끼를 해결하는 것이다. 나는 그 조수가 되어 해결을 돕는다. 그녀와 달리 나는 책을 안 읽는…… 아니, 못 읽는다. 어릴 적에 그런 '체질'이 되었지만, 독서에 관심이 없는 건 아니다. 오히려 그 반대였다.

몇 시간이고 책 이야기를 하고 싶은 그녀와 그 이야기를 듣고 싶은 나.

우리의 이해관계는 완벽하게 일치했다. 아마 주변 사람들이 보기에는 속이 탈 정도로 천천히, 시간을 들여 조금씩 가까워지고 있다.

"시노카와가 좋아했겠네. 란포도 좋아하잖아."

다키노는 씩 눈웃음을 지었다. 나는 말없이 미소로 답할 수밖에 없었다.

매입을 하기는 했지만, 시오리코 씨의 속내는 복잡했을지도 모른다. 금고 안에 있던 란포의 친필 원고, 존재조차 의심스러웠던 『오시에와 여행하는 남자』의 초고를 구경할 기회를 놓쳤기 때문이었다. 지금은 주인과 함께 어딘가를 여행하고 있을 터였다.

그리고 시오리코 씨의 어머니, 시노카와 지에코는 그 친필 원고를 쫓고 있었다. 그녀는 딸보다 명석한 두뇌와 고서에 대한 풍부한 지식을 갖춘 인물로, 시오리코 씨에게는 천적 같은 존재였다. 10년 전에 가족을 버리고 떠난 뒤로 얼마 전까지 전혀 소식이 없었다.

시오리코 씨는 어머니에게 란포의 친필 원고를 같이 쫓자는 제안을 받았다. 하지만 '다이스케 씨와 데이트 약속이 있다'며 딱 잘라 거절했다.

데이트 약속을 한 건 사실이었고 그녀도 즐거웠다고 말해줬지만, 정말 데이트를 우선한 것인지, 아니면 어머니의 제안을 뿌리칠 구실로 삼은 것인지, 지금으로서는 그녀의 속내를 헤아릴 길이 없다. 왜냐하면 데이트가 끝나고 돌아오는 길에 나는…….

"그러고 보니 시노카와에게 고백했다는 게 사실이야? 데이트했을 때."

"네?"

예상치 못한 질문에 나는 괴성을 질렀다.

"그, 그걸 어떻게 아십니까?"

시오리코 씨가 이야기했나? 시오리코 씨와 다키노는 어릴 적부터 알고 지낸 사이였지만, 그런 사적인 이야기까지 하는 줄은 몰랐다.

"동생한테 들었어. 그것도 시노카와가 먼저 얘기한 게 아니라, 류가 꼬치꼬치 캐물었나 봐."

그 말을 듣고 이해가 갔다.

다키노의 여동생인 류는 시오리코 씨의 친한 친구였다. 나와 데이트했을 때, 그녀는 다키노 류가 코디해준 옷을 입고 있었다. 꾸미는 데 익숙하지 않은 친구를 위해 발 벗고 나선 것이다. 그렇게까지 해줬으니 일이 어떻게 됐는지 당연히 물어봤겠지.

"일전에 아야카하고 오후나 역 앞에서 마주쳤는데."

다키노는 말을 이었다. 시노카와 아야카는 시오리코 씨의 여동생이었다.

"두 사람 분위기가 뭔가 서먹서먹하다, 물어봐도 무슨 일이 있었는지 말 안 한다고 하던데. 아야카가 걱정하더라고. 특히 자네 표정이 평소보다 더 어둡다고."

나는 무심코 턱을 쓸었다. '평소보다 더' 라는 말은 마음에 들지 않았지만, 내가 그렇게까지 감정을 드러내고 있는 줄은 몰랐다.

불현듯 다키노의 오른손에 눈길이 갔다. 손가락 사이에 끼운 담배꽁초가 완전히 꺼져있었다. 생각해보면 내가 이곳에 왔을 때부터 그랬던 것 같다. 혹시 우리 일이 걱정돼 이야기를 들어보려고 기다렸던 건지도 모른다.

"그래서 어떻게 됐어? 차였어?"

목소리는 부드러웠지만 질문은 직설적이었다.

"그건 아니지만 일시 보류라고 할까요."

"뭐? 아직 답을 안 줬어? 벌써 4월 말인데?"

다키노는 어처구니없다는 표정으로 말했다. 분명히 고백

하고 나서 벌써 보름도 더 지났다.

"네. 하지만 더 기다려야 할 것 같아요."

"그게 뭐야. 대체 어떻게 된 건데?"

나는 있는 그대로 이야기했다. 솔직히 누구에게 털어놓고 싶기도 했다.

사귀자고 말한 뒤부터 시오리코 씨는 생각에 잠기는 일이 많아졌다. 꼭 오늘 대답하지 않아도 된다, 천천히 생각해보라고 말한 건 나였지만, 너무 뜸을 들이는 것 같아서 점점 불안해졌다.

앞으로도 이도 저도 아닌 상태가 계속되면 도저히 견딜 수 없을 것 같았다. 적어도 언제까지 기다리면 되는지, 그것만 물어보자고 결심한 게 사흘 전이었다. 하루 일을 끝내고 나서 말을 꺼내려던 찰나, 시오리코 씨가 먼저 말을 걸었다.

"저, 저, 저번에 그 일 말인데요……. 저기, 그…… 요코하마에서 다이스케 씨가 저한테 했던, 그 말이요……."

시오리코 씨는 더듬거리며 말했다. 평소보다 긴장했는지 하얀 뺨에도 핏기를 찾아볼 수 없었다. 드디어 올 것이 왔구나, 하고 자세를 바로 하고 그녀와 마주봤다.

"너무 기다리게 해서 죄송해요……. 저 때문에……."

"아, 아닙니다."

시오리코 씨가 내 말을 진지하게 고민했다는 건 알고 있었다. 때문에 지금까지 말을 꺼내지 못했던 것이다. 그녀는 고개를 숙인 채 두 손을 꼼지락거리더니 이내 마음을 정했는지 고개를 들었다. 생각보다 가까운 거리였다. 나를 올려다보는 커다란 두 눈동자에 숨이 멎었다.

"다이스케 씨, 전…… 저기, 아마, 부담스러울 거예요."

"네?"

"저, 전에도 말씀드렸지만, 전 원래 결혼 생각이 없었어요. 하지만 요새는 이런저런 생각이 들더라고요……."

그런 생각을 했다는 것 자체가 놀라웠다. 예전과는 전혀 다르다.

"하, 하지만 만일 생각이 바뀌어도 여러 사람과 사귈 생각은 없어요. 그래서 누군가와 사귀게 될 경우에는, 오히려…… 저, 절대적인 건 아니지만! 저기…… 겨, 결혼을 진지하게 생각할지도……."

한마디로 사귀게 되면 결혼을 전제로 할지도 모른다는 말이었다. 결혼하지 않고 일단 연애하자는 생각은 없는 게 시오리코 씨다웠다.

"……압니다."

그런 말이 튀어나와서 스스로도 놀랐다. 깊이 의식했던

건 아니지만, 처음부터 그런 마음이 있었던 것이리라.

그녀의 얼굴에 핏기가 돌아왔다. 아니, 평소보다 상기되어 있었다.

이런 소리를 하는 걸 보면 고백을 받아주는 게 아닐까. 기대로 가슴이 부풀었다.

"그, 그래요. 그러면…… 저기, 실은 아직 끝내지 못한 일이 있어요."

나는 고개를 갸웃거렸다. 뭔가 상상과는 다른 전개다.

"지금은 말할 수 없지만…… 저에게는 중요한 일이에요. 지금까지 기다려주셨는데 죄송해요. 하지만 조금만 더 기다려주실래요? 부탁드려요."

그녀는 꾸벅 고개를 숙였다.

나는 어안이 벙벙했다. 좌우지간 뭔가 사정이 있는 모양이지만 자세한 건 알 수 없었다.

뭐, 지금까지 기다렸는데 앞으로 며칠 더 기다리는 게 대수겠는가.

"좋습니다. 기다릴게요."

힘주어 끄덕이자 그녀는 고개를 들었다. 그제야 마음이 놓였는지 입가에 미소가 번져있었다. 촉촉한 눈동자가 아름다웠다.

"고마워요! 5월 말까지는 꼭 대답할게요."

"네……?"

5월? 지금 5월이라고 했나?

만일을 위해 달력을 확인하자 지금은 아직 4월 말이었다.

혹시 이 상태로 한 달이나 더 기다리라는 건가?

"그래서 좋다고 했어?"

나는 한숨을 쉬었다. 좋지는 않았지만, 기다리겠다고 이미 말을 했는데 어떻게 안 된다고 하겠는가.

"그래서 마무리할 일이라는 게 뭔데?"

"말하기 어려운 일인 것 같던데…… 뭘까요?"

"그걸 나한테 왜 물어. 내가 시노카와 생각을 어떻게 알겠어."

다키노는 손을 젓더니 "그렇지만"하고 말을 이었다.

"이만큼 시간을 들이는 걸 보면 시노카와는 자네를 그만큼 소중히 여기는 거야. 원체 남한테 마음을 안 여는 애라고. 이만 해도 대단한 일이야."

다자이 오사무의 『만년』 초판본을 내밀던 그녀의 모습이 스쳐 지나갔다.

반년도 더 된 일이지만, 시오리코 씨는 주변 사람들을 속이면서까지 지켰던 귀한 희귀본을 나에게 맡기려 했다. 나에 대한 믿음과 화해의 증표로.

'책벌레' 인 그녀에게는 굳은 각오가 필요했던 결단이었으리라. 나라는 사람의 존재가 가볍지 않은 것은 틀림없다고 생각한다.

그렇다고 자만할 생각은 없었다. 소중한 사람에게 반드시 연애감정을 가지란 법은 없다. 날 좋아하는지 아닌지, 중요한 얘기는 결국 한마디도 듣지 못했다.

그녀는 비상한 두뇌를 가졌으면서도 자기 자신을 설명하는 데는 극단적으로 서툴렀다. 결혼할 마음이 들었다 해도 반드시 날 선택한다는 보장은 없다. 무엇보다 나는 취업에 실패한 알바생이다. 변변치 않은 학벌 외에는 유도 단증과 운전면허증밖에는 이력서를 채울 스펙이 없다.

"정 궁금하면 내가 물어봐 줘? 무슨 일이냐고."

"아뇨, 괜찮습니다."

정말 궁금하면 내가 직접 묻겠다. 내세울 건 없지만 그 정도 자존심은 있었다.

다키노도 내가 그렇게 말할 걸 예상한 듯 그래, 라고만 대답하고 더는 말하지 않았다.

"그나저나 그런 분위기면 자네도 피곤하겠네. 계속 둘이서 가게를 지켜야 하잖아."

나는 미간을 찌푸리고 고개를 끄덕였다. 실은 그것이 가장 큰 고민이었다. 서로 괜히 의식하게 된 탓에 별거 아닌 이야기조차 나누기 어렵다. 자연스레 말수가 적어졌다.

"내가 이야깃거리 좀 줄까?"

"이야깃거리요?"

"그래. 시노카와가 좋아할 만하고, 기분전환이 될 만한 얘기."

그런 이야깃거리가 있다면 꼭 알고 싶다.

나는 고개를 숙이며 부탁했다. 다키노는 담배를 재떨이에 버리고 의미심장한 표정으로 웃었다.

"요즘 조합에서 도는 소문이 있는데……. 《월간 호쇼》라는 잡지 알아?"

2

기타가마쿠라로 돌아왔을 무렵에는 이미 비가 그쳐있었다.

질퍽한 안채 주차장에 봉고차를 주차했다. 안채 문이 닫혀 있어서 선로 옆 가게 입구로 돌아갔다.

시오리코 씨는 여전히 계산대 안에 앉아있었는데, 들어온 나를 보고 안경 너머의 까만 눈을 동그랗게 떴다.

오늘 그녀는 밝은 색 블라우스와 데님 스커트에 까만 앞치마 차림이었다. 날이 따뜻해져서 더는 카디건을 걸치지 않았다. 웬일로 윤기 흐르는 긴 머리를 하나로 묶었다. 머리를 묶으니 작은 얼굴이 한층 돋보였다.

"다녀왔습니다."

"아, 오셨어요……. 고, 고생하셨어요."

누가 들어도 목소리가 불안정했다. 내가 다가가자 갑자기 쌓아둔 책 모서리를 맞추거나, 굴러다니던 펜을 한쪽으로 치우기 시작했다. 자연스레 행동하려는 것 같았지만 아무래도 부자연스러웠다.

"조, 좀 쉬세요."

앞치마를 걸치는 나에게 시오리코 씨는 그렇게 말했다.

"괜찮습니다. 시오리코 씨야말로 쉬세요. 계속 혼자 가게 봤잖아요."

나는 그렇게 대답했다. 그녀보다는 자연스럽게 말한 것 같다.

"전 괜찮아요! 아까 아야카가 잠깐 가게를 봐줬거든요. 시, 신경 써주셔서 감사해요!"

시오리코 씨는 어색한 미소를 지으며 주먹 쥔 손을 들었다. 마치 연설하는 정치가 같았다.

스스로도 너무 언성을 높였다는 걸 알았는지 갑자기 어

깨를 떨어뜨리며 계산대 위에 두 손을 포갰다.

"죄송해요……. 이상하죠. ……아뇨, 괜찮아요. 이상한 거 저도 알거든요. 정말 죄송해요……."

부정할 수 없는 사실이었기 때문에 뭐라 위로할 말이 없었다.

우리는 어색한 분위기에서 일을 시작했다. 시오리코 씨는 안쪽에 있는 컴퓨터로 이동해 홈페이지 업데이트를 시작했다. 나는 나대로 발송해야 할 인터넷 주문 상품이 쌓여 있었고, 일하는 간간히 문의 전화도 왔다.

용건이 있어서 말을 걸어도 그녀는 나와 눈을 맞추지 않았다. 다키노가 일러준 '화제'를 꺼낸 건 눈앞의 일을 마무리하고 나서였다.

"그러고 보니 고서회관에서 다키노 씨에게 들었는데."

시오리코 씨의 반응은 없었다. 그녀와 나 사이에 있는 책더미 때문에 그녀가 어떤 표정을 지었는지도 알 수 없었다.

"최근에 조금 이상한 손님이 이 가게 저 가게를 찾아다닌다고 하더라고요……. 찾아와서 잡지를 팔고 가는데, 모두 고개를 갸웃거린다고."

이내 책등 뒤에서 그녀가 반쯤 얼굴을 내밀었다.

"무슨 일 있나요?"

호기심이 생긴 모양이었다. 나쁘지 않은 반응이었다.

“《월간 호쇼》라는 잡지 아십…….”

시오리코 씨는 낡은 바퀴에서 삐거덕거리는 소리를 내며 의자를 끌고 모습을 드러냈다.

“전부 가지고 있어요!”

그리고 눈을 빛내며 앞치마로도 존재감을 감출 수 없는 풍만한 가슴을 내밀었다. 그저 알기만 하는 수준이 아닌 모양이었다.

“어떤 잡지입니까?”

실은 다키노는 잡지 내용에 대해서는 자세히 말해주지 않았다. 시노카와가 잘 아니까 물어보라고 했다.

“다이스케 씨도 아는 잡지예요. 잠시만요.”

시오리코 씨는 의자에 앉은 채 이동했다. 뒤에서 들여다보니 허리를 구부리고 컴퓨터 밑을 뒤지고 있었다. 그녀는 바닥에 쌓인 책 더미에서 한 권을 꺼냈다.

“이거예요. 보세요.”

책등이 있는 잡지였다. 사륙판 사이즈로 잡지라기보다는 얇은 팸플릿 같았다. 오렌지 색 표지에 《월간 호쇼》라고 적혀있었다.

“아, 이거구나. 본 적 있어요.”

처음 아르바이트를 시작했을 무렵, 이따금 계산대에서 본 적이 있다.

"저희 가게에서 취급하는 물건이니까요."

고서점에서 신간 잡지를 판매하는 게 신기하다고 생각했지만 펼쳐보지는 않았다. 그때는 시오리코 씨가 입원 중이라 혼자 일을 배우는 것만으로도 벅찼기 때문이었다.

"네, 조금 특수한 잡지인데…… 보세요."

나는 《월간 호쇼》를 들고 내용을 펼쳤다. 2010년 6월호로, 벌써 1년 전 잡지였다. 특집 '좁쌀책수진본[袖珍本], 미니어처 북이라고도 함 카탈로그'. 손안에 들어가는 아주 작은 책, 좁쌀책 특집인 모양이었다. 실제로 제작된 좁쌀책과 그 제작 방법이 소개되어 있었다.

"책에 관한 잡지 같네요."

"맞아요. '책 마니아를 위한 정보 탐구지'를 캐치프라이즈로 내걸고 책에 관련된 독특한 특집을 만들어왔죠. 작가 특집은 물론, 장서표나 그림엽서 컬렉션, 폐간된 잡지 등등……, 그러고 보니 '고서소설 대상'을 창설하기도 했네요."

"고서소설이요?"

"고서 또는 고서점을 다룬 소설이나 에세이를 모집했어요. 응모자도 꽤 많았던 모양이에요."

그런 장르의 소설이 있다는 이야기는 처음 들었다. 너무 한정된 주제 아닌가?

"만화나 영화, 근대사를 다룬 특집도 많았지만 전체적으로는 고서에 관한 주제를 다루는 잡지예요. 편집자인 다무라 하루요시 씨는 고서점을 경영하시기도 하고…….”

시오리코 씨는 눈을 내리깔았다.

고서가 주제인 잡지가 있다는 것도 놀랐지만, 발행인이 고서점을 경영하다니. 잡지 발행과 고서점 경영, 관련성이 그다지 없는 것처럼 보이는데.

불현듯 계산대 위를 살펴봤다. 《월간 호쇼》는 보이지 않았다.

“어? 이제는 안 들여놓습니까?”

“아쉽게도 작년에 휴간됐어요……, 3백호를 마지막으로요. 정말 안타까워요.”

시오리코 씨는 낮게 중얼거렸다. 분명 애착이 깊었던 잡지였겠지.

“월간인데 3백호라면, 옛날부터 나왔던 잡지인가 보네요.”

“1985년 창간됐어요. ……제가 태어난 해죠.”

올해는 2011년이니, 작년까지 25년 동안 발행된 셈이다.

“고서에 관한 정보지라면 2차대전 이전부터 계속 간행되는 《일본 고서 통신》이 유명하지만, 《월간 호쇼》도 오랜 역사를 가지고 있었어요. 그 둘이 고서에 관심이 있는 사람들이 정기 구독하는 잡지의 쌍벽이었죠. 《일본 고서 통신》도 보여드릴까요? 아마 본 적이 있을 거예요.”

그녀는 다시 컴퓨터 아래에서 또 다른 얇은 책자를 꺼냈다. B5용지보다 약간 큰 평철 제본으로, 하얀 표지에 《일본 고서 통신》이라 인쇄되어있었다. 2011년 4월호. 이번 달 호였다.

듣고 보니 본 기억이 났다. 휴식시간이 끝나고 돌아온 시오리코 씨의 옆구리에 자주 끼어있었던 잡지였다.

'어?'

두 잡지에 모두 같은 빛깔의 접착식 메모지가 붙어있었다. 기사를 체크한 모양이었지만, 평소 가게에서 쓰는 메모지와 같은 색인 게 마음에 걸렸다. 쌓아놓은 책은 모두 《월간 호쇼》와 《일본 고서 통신》 같았다.

"……혹시 거기서 그 잡지를 읽은 겁니까?"

가녀린 어깨가 움찔거렸다. 정곡을 찌른 모양이었다.

"죄, 죄송해요. 재미있어 보이는 특집이나 칼럼이 있으면 쓱 훑어봤거든요……"

시오리코 씨는 잔뜩 몸을 움츠리고 고개를 숙였다. 딱히 뭐라고 할 생각은 없었다. 업무에 관련된 잡지이고, 짬이 날 때 읽는 정도라면 상관없지 않나.

"여기 붙여놓은 메모지는 뭡니까?"

나는 슬쩍 화제를 바꿨다.

"아, 이건 이 두 잡지의 특징인데……."

그녀는 내가 들고 있던 《월간 호쇼》에 손을 뻗어 넘기기 시작했다. 뒤 페이지에 책 제목으로 보이는 것들이 죽 실려 있었다. 제목 밑에는 가격이 있고, 오른쪽 위에는 점포명과 연락처가 적혔다.

주문은 엽서나 팩스로 부탁드립니다.

"고서 목록이군요?"

"맞아요. 일종의 광고죠……. 직접 목록을 만들어 배포하는 방법 말고도 잡지에 목록을 실어 방문하기 어려운 손님에게 주문을 받는 방법이 있어요. 요새는 인터넷으로 판매하는 가게가 많아졌지만요."

비블리아 고서당도 인터넷을 통해 상품을 판매하고 있었다. 하지만 이런 목록을 훑어보는 걸 좋아하는 마니아들은 지금도 있을 것이리라. 실제로 시오리코 씨가 메모지로 표시해놓은 것도 뒷부분의 목록 페이지였다. 분명 열심히 체크를…….

'어?'

아까 쓱 훑어봤다고 하지 않았나?

"죄송해요. 꼼꼼하게 읽어봤어요……."

속으로는 혀를 찼지만 아무 말도 하지 않았다. 이렇게 말하기는 쑥스럽지만, 독서에 몰두한 그녀의 모습까지 좋았기 때문이었다. 열심히 일하는 그녀의 모습뿐 아니라.

"아, 아무튼 다키노 씨에게 들은 이야기인데요."

하마터면 깜빡할 뻔 했다. 시오리코 씨의 이야기를 듣는 게 목적이 아니었다.

"요새 이 부근 고서점에 《월간 호쇼》 과월호를 대량으로 가져와 팔겠다는 손님이 있다고 들었습니다. 나이 지긋한 여성 손님이라고 하던데."

"……과월호를 대량으로요?"

혼자 정리하듯 말하더니, 시오리코 씨는 눈을 들어 다음 이야기를 재촉했다. 조금 전과는 딴판인 날카로운 표정이었다. 책에 관한 수수께끼를 풀 때의 그녀였다.

"항상 4, 50권씩 가지고 왔다고 합니다……. 매입가는 크게 상관하지 않고 팔고 가는데, 1, 2주 지나 다시 가게로 찾아와서 아끼던 잡지라 역시 못 팔겠다며 다시 돌려달라고 한답니다."

"네? 하지만 이미 체결된 거래를 번복할 수 있나요? 무엇보다 물건이 팔렸을 경우도 있을 테고요."

"그렇죠."

나는 고개를 끄덕였다. 아까 고서회관에서 나도 같은 질문을 했는데, 다키노의 답은 이랬다.

"그럴 경우에는 아직 팔리지 않은 《월간 호쇼》를 가게에서 판매하는 금액으로 전부 사간다고 합니다. 중간에 빠진 호가 있어도, 차액이 얼마든 개의치 않고……. 그 뒤에 사들인 과월호를 다시 다른 가게에 가져가 같은 일을 반복한다고 합니다."

시오리코 씨는 주먹을 입술에 댄 채 꿈쩍도 하지 않았다. 생각에 잠겼을 때의 버릇이었다.

"범죄에 해당되는 일은 아니고, 고서점 측이 손해를 보는 일도 아니지만 대체 무슨 영문인지 알 수 없다고 모두들 수군대더라고요."

침묵이 흘렀다. 시오리코 씨의 표정이 진지해졌다. 기분 전환이 될 만한 가벼운 화제였는데.

"렌조 씨네…… 다키노북스에는 찾아오지 않은 거죠?"

"아, 네."

"그 손님이 지금까지 어떤 가게를 찾아갔는지 아세요?"

"전부는 모르지만, 분명히……."

나는 생각나는 대로 가게 이름을 서너 개 말했다. 최근에 나도 고서회관에 갈 기회가 많아진 까닭에 이들 가게의 사장과도 안부 인사 정도는 나눈 적이 있었다. 비블리아 고서당처럼 가나가와 현에 위치한, 개인이 경영하는 고서점이었다.

"다들 주로 까만 책을 다루는 곳이네요. 취급하는 장르도 우리와 비슷하고요."

'까만 책'이란 발행된 지 오래된 고서나 전문서를 뜻하는 말이다. 최근 몇 년 안에 발행된 새 책은 '하얀 책'이라고 한다고 들었다.

"그게 어쨌는데요?"

나는 물었다. 보아하니 짚이는 구석이 있는 모양이었다.

"실은 다이스케 씨가 고서회관에 간 동안에 문의 전화가 왔어요. 나이 지긋한 여자분 목소리였고요. 《월간 호쇼》를 한꺼번에 처분하고 싶은데, 그쪽에서 매입 가능하겠느냐고 묻더군요."

예기치 못한 이야기였다. 아무리 생각해도 그 손님이 분명했다.

"저희는 《월간 호쇼》 과월호가 잘 나가는 편이라 매입 가능하다고 말씀드렸어요. 하지만 지금으로서는 비싼 가격이 붙은 게 없어서 가격을 잘 쳐드릴 수는 없다는 말도 덧붙였죠……. 하지만 값은 얼마든 상관없다, 오후 5시쯤에 가져가겠다고 하셨는데……."

나는 퍼뜩 가게 시계를 돌아봤다. 시계바늘은 5시를 가리키고 있었다.

순간, 유리문 열리는 소리가 울려 퍼졌다.

3

가게에 들어온 사람은 파란 레인코트 차림의 키 큰 여자였다.

코트와 같은 빛깔의 모자 아래로 새하얀 머리칼이 보였다. 허리를 꼿꼿이 펴고 있었지만 꽤 나이를 먹은 것 같았다. 앙다문 큰 입에서 강한 의지가 느껴졌다. 어깨에는 무거워 보이는 나일론 쇼핑백을 매고 있었다.

"아까 전화 드린 미야우치라고 합니다. 잡지를 팔러 왔습니다."

여자는 부드러운 목소리로 말하더니 계산대에 가방을 내려놓았다. 행동거지도 차분해 보여서 이상한 소문의 주인공이라는 게 믿어지지 않았다.

"아, 네. 감사합니다."

시오리코 씨는 지팡이를 짚고 일어나 꾸벅 고개를 숙였다. 나는 가방에서 《월간 호쇼》를 꺼내 계산대에 쌓은 뒤 손님에게 매입 서류 기입을 부탁하며 힐끗 훔쳐보았다.

이름은 미야우치 다미코. 나이는 예순다섯. 주소는 도쿄도 오타구 야구치…….

'도쿄?'

왜 도쿄에서 일부러 기타가마쿠라까지 온 거지? 그 근처에 고서점이 얼마든지 있을 텐데.

가져온 잡지는 모두 50권 정도였다. 책등은 모두 하얗고, 아까 시오리코 씨가 보여준 호보다 훨씬 낡아 보였다. '시바 료타로를 추모하며', '야마다 후타로 특집' 등 쉽게 내용을 짐작할 수 있는 특집도 많았지만, '선술집의 우주' 같은 영문 모를 특집도 있었다. 무슨 우주를 말하는 거지?

내가 한 발짝 물러나자 시오리코 씨가 대신 계산대에 서서 감정을 시작했다. 익숙한 손놀림으로 잡지를 넘겨 상태를 확인했다. 그녀가 다시 말문을 열 때까지 그리 시간은 걸리지 않았다.

"아, 아까도…… 흠, 말씀드렸지만."

음정이 어긋나려는 목소리를 헛기침으로 되잡았다. 매번 느끼는 것이지만 손님 대하는 게 정말 서툰 사람이다.

"가격은 많이 못 쳐드립니다. ……상태도 좋은 편이 아니고, 메모한 부분이나 접힌 자국도 있어서요."

더듬거리며 설명을 마친 시오리코 씨는 가격을 제시했다. 그다지 비싼 가격은 아니었다.

"이 잡지, 원래는 남편이 아끼던 거예요. 고서점을 좋아해서 헌책을 모으던 사람인데…… 페이지 끝을 접어서 메모하는 버릇이 있었거든요."

미야우치라는 여성은 그렇게 중얼거렸다. 과거형으로 말하는 걸 보면 지금 남편은 이 세상에 없는 모양이었다.

"그 가격에 팔게요. 부탁해요."

거래는 순식간에 끝났고, 시오리코 씨는 대금을 건넸다.

"근처에 올 일이 생기면 또 들를게요."

그 말만 남기고 여자는 발길을 돌려 저물녘의 거리로 사라졌다. 우리는 '감사합니다'라고 고개를 숙였다.

계산대 안에 있는 의자에 앉은 시오리코 씨는 사들인 《월간 호쇼》를 다시 훑어보기 시작했다.

"모두 1990년대에 나왔네요. 평철 제본을 하기 전인 초창기 잡지가 있었으면 더 값을 쳐드렸을 텐데……."

그리고 아쉬운 목소리로 말했다.

"이 잡지들, 가게에 내놓을 겁니까?"

"당연하죠. 손님의 사정이 어찌됐든 매입한 건 매입한 거니까요."

근처에 올 일이 생기면 또 들르겠다는 말이 뭔가 마음에 걸렸다. 판 잡지를 다시 사러 오겠다는 이야기를 에둘러 말한 게 아닐까.

"그 사정이 대체 뭘까요?"

이 사람이라면 알지도 모른다고 생각했지만, 그녀는 입을 꼭 다물고 고개를 저었다. 평소에는 머리카락에 가려져

있던 귀에서 목덜미까지의 선이 드러나서 저도 모르게 동요했다.

"아직 확실한 건 아니지만……."

시오리코 씨는 잡지 한 권을 집어 가장자리를 접어놓은 페이지를 펼쳤다. 그 페이지에 실린 건 예의 목록으로, 제목 위에 검은 펜으로 동그라미를 쳐놓았다. 가이요와 『돌이 쓰다』. 박스와 커버 있음.

"원하는 책에 표시를 했군요."

"네. 메모를 해둔 목록을 보고 있으면 그 주인에 대해 이것저것 알 수가 있어요. 독서 경향이나 고서의 수집 방법 등……. 이 분은 희귀본보다는 그때그때 읽고 싶은 책을 구입했던 것 같아요. 가리지 않고 폭넓게 읽으셨던 것 같지만, 특히 프랑스문학이나 프랑스 현대사상에 관심을 가지셨던 모양이네요."

물론 나는 읽지 않았지만, 프랑스문학이나 철학 책은 비블리아에도 제법 재고가 있었다.

"제가 신경 쓰이는 건 이 메모예요."

그녀는 오른쪽 위의 가게 이름 옆을 가리켰다. '닛타' 라는 글자가 적혀있었다.

"닛타……?"

닛타, 사람 이름인가?

"모든 호에 빠짐없이 적혀있어요. 메모한 페이지에는요."

나는 '야마다 후타로 특집' 호를 집었다. 접힌 페이지를 펼치자 야마다 후타로의 인터뷰 기사가 실려있었고, 발언 일부에 검은 펜으로 동그라미를 쳐놓은 게 눈에 띄었다. 목록뿐 아니라 중요하다 싶은 부분에는 메모하는 버릇이 있던 모양이었다. 그 페이지 가장자리에도 역시 '닛타' 라는 두 글자가 적혀있었다.

"그럼 이 잡지의 원래 주인은 뭔가 표시할 때마다 '닛타' 라고 적은 겁니까?"

도통 영문을 알 수 없었다. 사람 이름이라 해도 일일이 적을 필요가 있나?

"지금은 그렇게 생각할 수밖에 없어요. ……그리고 또 하나, 여기도 이상한 메모가 있어요."

이번에는 쌓아둔 《월간 호쇼》의 책등 모서리를 가리켰다. '고류샤' 라는 출판사 이름 아래 작게 검은 동그라미가 그려져있었다. 모든 과월호에 같은 동그라미가 있었다.

"이게 뭐죠?"

"여기도 무슨 뜻이 있을 테지만…… 확실하진 않아요."

결국 모두 수수께끼라는 뜻이다……. 그 여자가 도쿄에서 이곳까지 잡지를 팔러 온 이유도, 이 《월간 호쇼》에 적힌 메모의 의미도.

“어쨌든 가격을 매겨서 진열해두죠. 무슨 일이 일어날지도 몰라요.”

4

우리는 매입한 《월간 호쇼》를 비닐로 싼 뒤에 가게에 있던 재고를 껴넣어 한 세트로 만들어 진열했다. 시오리코 씨는 무슨 일이 일어날지도 모른다고 했지만, 며칠 동안은 아무 일도 없었다.

나는 다키노에게 감사했다. 고백하기 전만큼은 아니었지만, 그래도 시오리코 씨가 정상적으로 말을 걸기 시작했기 때문이었다. 정식으로 고맙다는 말을 전해야겠다고 생각했다.

이변이 일어난 것은 그 주 목요일이었다.

평일인데도 아침부터 책 매입 의뢰가 많아서 감정과 상품 정리로 홈페이지 업데이트도 중단할 수밖에 없었다.

정오가 지나 손님이 뜸해질 즈음, 눈에 익은 민머리 남자가 힘차게 문을 열고 들어왔다. 나이는 50대 후반, 소매가 얼룩진 오렌지색 긴팔 티셔츠와 주머니가 주루룩 달린 그물 조끼를 입고 있었다.

책등빼기 시다였다. 고서점에서 싸게 들인 고서를 다른

데 파는 게 그의 일이었다. 사는 곳은 구게누마 다리 밑, 요컨대 노숙자다.

오늘은 혼자가 아니라 얇은 지팡이를 든 안경 낀 나이 지긋한 노인과 함께 왔다. 시다보다 스무 살은 많아 보였다. 하얀 턱수염을 기른 노인은 고급스러운 셔츠에 녹색 스카프를 둘렀다. 요즘 자주 같이 와서 세계문학전집 낱권이나 서양사 학술서를 사갔다.

"오, 청년. 열심히 일하고 있나?"

시다는 환한 미소로 말하더니 책으로 꽉 찬 비닐 가방을 계산대에 내려놓았다.

"감사합니다."

나는 꾸벅 고개를 숙였다.

"매입 부탁해. 사장 아가씨는?"

"아, 여기 있어요. 시다 씨…… 안녕하세요."

책 더미 사이에서 시오리코 씨도 얼굴을 내밀었다.

"또 그런 데 숨어있었어? 많이 바빠?"

"지금은 그다지……. 하지만 다른 손님들이 가져오신 책을 감정하고 있어서 15분쯤……."

"아, 괜찮아, 신경 쓰지 마. 우린 가게 둘러보고 있을 테니까 천천히 해."

시다는 말도 하지 않았는데 매입 서류를 가져다 쓰기 시작했다. 나는 가방에 담긴 책을 계산대 위에 꺼냈다. 오늘은 만화책이었다. 요코야마 미쓰테루橫山光輝, 만화가. 『삼국지』나 『사기』등 교양 역사만화로 유명나 이시노모리 쇼타로石ノ森章太郎, 만화가. 대표작은『사이보그 009』, 『가면 라이더』시리즈의 작품이 많았다. 권수를 확인하며 나는 시다의 민머리를 힐끗 보았다.

아무 일도 없었던 것처럼 행동했지만, 내가 시다를 보는 눈은 예전과 달라져있었다. 이 사람은 시오리코 씨의 어머니, 시노카와 지에코의 옛 지인으로, 그녀와 몰래 연락을 주고받고 있었다. 몇 년 동안 시노카와 가족의 속사정을 알려줬던 모양이었다.

내가 그걸 알아챈 건 이번 달 들어서였다. 시다에게 캐묻자 모든 것을 인정하고 앞으로 스파이 같은 행동은 하지 않겠다고 맹세했다. 처음부터 가족의 근황이 궁금하다는 지인의 부탁을 들어줬을 뿐, 결코 나쁜 뜻으로 한 일이 아니라는 건 알고 있었다.

그래도 예전처럼 편하게 대할 수는 없었다. 시다가 아니라 그 뒤에 있는 시노카와 지에코에 대한 경계심 때문이었다. 그녀는 자기와 꼭 닮은 딸을 파트너로 삼고 싶어했다. 하지만 나로서는 손 놓고 지켜볼 수는 없는 노릇이었다.

"그럼 감정이 끝나면 알려줘."

시다는 친근하게 내 팔을 두드리더니 일행에게 다가갔

다. 시다가 가게에 혼자 오지 않게 된 건 시노가와 지에코와의 관계가 나에게 알려졌기 때문이겠지. 아무도 없는 곳에서 우리와 마주하기 껄끄러워진 게 아닐까.

서서 책을 읽던 노인은 시다가 다가오자 품위 있는 미소를 지었다. 분위기는 꼭 은퇴한 대학교수 같았는데, 그러고 보면 그가 어디 사는 뭐 하는 사람인지, 한참 어린 노숙자 겸 책등빼기와 어떻게 친해졌는지 전혀 들은 적이 없었다.

"다이스케 씨, 여기 감정 끝난 책들이에요."

시오리코 씨의 목소리에 나는 정신을 차렸다. 매입가별로 메모지를 붙여놓은 책 더미를 받아 들고, 대신 시다가 가져온 만화책을 그녀 앞에 쌓아두었다.

"이것도 부탁드립니다."

"네."

눈을 맞추자 시오리코 씨는 어색한 미소를 지었다.

'시오리코 씨는 알까?'

시다가 자기 어머니와 관련된 인물이라는 걸.

이따금 불안에 휩싸였다. 반대라면 몰라도, 내가 아는 사실을 그녀가 모르는 게 말이 되나? 만일 이유가 있어서 말하지 않았던 거라면 내가 괜히 끼어든 게 아닐까?

"왜 그러세요?"

"아뇨, 아무것도 아닙니다."

고개를 흔드는데 가게 전화가 울렸다.

황급히 수화기를 들자 재고와 가격 문의 전화였다. 미나토쇼보에서 나온 『고가 사부로 전집』에 관해서. 나는 무선 전화기를 들고 계산대 밖으로 나왔다. 분명히 추리소설 칸에 있는 걸 보았다. 가게 어디에 무엇이 있는지, 이제야 대충 파악이 됐다.

고개를 들어 둘러보며 대답하고 있는데 한쪽 구석에 선 노인의 모습이 눈에 들어왔다. 며칠 전에 내놓은 《월간 호쇼》 세트 앞에 서서 안경을 내린 채 책등을 들여다보고 있었다.

'뭐지?'

그는 검은 동그라미를 친 모서리 부분을 손으로 만지고 있었다. 그리고 때마침 다가온 시다에게 책등을 찌르며 뭐라고 소곤거렸다. 시다는 "그런 것 같네요"라고 대답하더니 노인의 뒤로 스쳐 지나갔다. 그 뒤로도 노인은 세트 앞에서 꿈쩍도 하지 않았다.

통화 중이었기에 내가 본 것은 그뿐이었다. 그래도 그 표시에 관심을 보이는 모습이 인상에 남았다.

계산대로 돌아가고 나서도 노인에게 은근히 주의를 기울였지만 시다와 다시 대화를 나눈 뒤에 지팡이를 짚고 밖으로 나가버렸다.

"……시, 시다 씨, 기다리셨죠."

시오리코 씨가 말을 걸자 시다가 가벼운 걸음으로 다가왔다. 그녀가 매입가를 설명하는 동안 나는 계산대 앞에 서서 가게 밖을 내다보았다. 하지만 노인은 돌아오지 않았다.

"다이스케 씨…… 계산 부탁드려요."

정신을 차려 보니 두 사람이 나를 보고 있었다. 어느새 거래가 끝난 모양이었다.

"아, 죄송합니다."

나는 시다에게 돈을 건넸다.

"아까 그분, 벌써 가셨나요?"

내 시선을 따라 시다도 등 뒤를 돌아봤다.

"아니, 밖에 있을 거야. 보면 알겠지만 다리가 불편해서."

"요새 자주 같이 오시네요."

"아, 내가 저 양반 얘기 안 했던가?"

나는 고개를 저으며 시오리코 씨를 보았다. 그녀도 모르는 눈치였다.

"반년쯤 됐나. 자전거를 타고 지나가다 후지사와 시민회관 앞 벤치에서 책을 읽고 있는 저 양반을 봤어. 서로 책을 좋아하는 데다 처지도 비슷해서 친해졌지. 3년쯤 전까지는 회사를 경영했다는데…… 지금은 여기서 혼자 산대. 가족은 없는 모양이고."

시다는 별난 계기로 책 친구를 만드는 데 도사였다. 작년에 소중히 간직하던 문고본을 훔쳐간 여고생과도 책을 빌리거니 빌려주거니 하는 사이가 되었다.

"어디 사시는 분인데요?"

"후지사와의 구게누마. 에노덴 이시가미 역 옆이었을 거야. 옛날에는 고서점 순회가 취미였지만 요새는 다리가 불편해서 전철 타기도 힘들다고 하길래 내가 한가할 때 같이 다니면서 짐도 들어주고 그래.

오늘도 여기 들렀다 가마쿠라 역 쪽에 가볼 작정이야. 그쪽에는 고서점도 많고, 돌아올 때도 에노덴을 타면 되니까."

쉬지도 않고 그렇게 말하더니, 시다는 얼굴을 쓱 들이밀며 물었다.

"갑자기 그건 왜 묻는데? 무슨 일 있어?"

모두 털어놓을까 말까 망설였지만, 결국 나는 말하지 않았다. 아직 예전처럼 시다를 믿을 수 없었기 때문이었다.

"좀 궁금해서요. 요즘 자주 오시는 분이라."

내 표정에서 말 이상의 뭔가를 읽어냈는지, 시다는 시선을 떨어뜨리며 아까 받은 돈을 바지 주머니에 넣었다.

"좋은 양반이야. 가사이 같은 놈하고는 달라."

느닷없이 튀어나온 이름에 가슴이 철렁했다. 가사이는

다나카 도시오라는 남자가 썼던 가명이었다. 시오리코 씨가 소장한 다자이의 『만년』을 빼앗기 위해 계단에서 그녀를 밀치고, 병원에 입원해 있는 동안에 이 가게에 드나들었다.

끝내 다나카는 경찰에 붙잡혔고 다른 여죄를 포함해 기소되어 재판을 받고 있었다. 그 사건으로부터 반년이 지난 지금도 그때 다친 시오리코 씨의 다리는 완전히 낫지 않았다.

"아까 《월간 호쇼》 세트 앞에서 뭐라고 말씀을 나누시던데, 무슨 일입니까?"

"어? 아. '이 정도 세트면 가격이 좀 나가겠네' 라고 해서 그럴 거라고 대답한 건데, 그게 왜?"

시다는 노인의 말투를 흉내 내어 말했다. 이상한 장기를 가졌군.

"……아뇨, 혹시 구입하시려는 건가 해서요. 일전에 들인 상품인데 자리를 많이 차지하거든요."

제대로 둘러댄 것 같지는 않았다. 시다는 힐끗 내 표정을 살피더니 더는 묻지 않았다.

"그래……? 그럼 난 그만 가볼게. 기다리는 사람이 있으니까."

그는 손을 흔들며 밖으로 나갔다.

시오리코 씨와 단둘이 남자, 나는 아까 있었던 일을 그녀에게 말했다. 《월간 호쇼》의 책등에 그려진 표시에 그 노인이 관심을 보였다고 했다.

"어떤 것 같습니까? 그 영감님이 뭔가 아는 게 아닐까요?"

시오리코 씨는 잠시 생각에 잠긴 눈치였지만, 이내 조용히 고개를 저었다.

"꼭 그렇다고 할 수는 없죠. 책 상태를 신경 쓰시는 분이라면 당연한 행동이고, 우리처럼 이상한 표시가 있어서 호기심이 생긴 건지도 모르잖아요. 그렇게 나란히 꽂아놓으면 작은 표시라도 눈에 확 들어오고요."

"아, 그렇군요."

순식간에 흥분이 가라앉았다. 《월간 호쇼》의 수수께끼를 풀 단서를 잡았다고 생각했는데, 그렇게 쉽게 풀릴 리가 없지.

"전 다른 일이 마음에 걸리는데…… 시다 씨 말인데요."

순간 간담이 서늘해졌다. 시다와 나의 미묘한 분위기를 알아챈 건가?

그녀의 입에서 나온 건 뜻밖의 이야기였다.

"시다 씨는 일행 분의 성함을 말씀하지 않으셨어요. 주소나 처음 만난 장소 이야기는 구체적이었는데."

"아……."

그러고 보니 계속 '저 양반' 이라 불렀다. 하지만 그게 그렇게 중요한 일인가?

"어쩌다 보니 그런 게 아닐까요?"

"그럴 수도 있지만…… 생각해보면 아까만 그랬던 게 아니에요. 지금까지 몇 번인가 같이 오셨는데, 제가 기억하는 한에서는 시다 씨가 그분의 성함을 부른 적은 없었어요. 다이스케 씨는 들은 적 있어요?"

"……그러고 보니 저도 없습니다."

시다의 목소리는 낭랑했다. 가게 안에서 사람 이름을 불렀다면 못 들었을 리가 없다.

"이름을 말하는 걸 피하는 겁니까?"

"저는 그렇게 느꼈어요. ……물론 우연히 부를 기회가 없었던 건지도 모르지만요."

점점 나도 궁금해졌다. 정말 '좋은 사람'이라면 이름을 감출 이유는 없을 터였다. 뭔가 그 노인에게 이름을 감추고 싶은 사정이 있고, 시다가 그걸 아는 거라면 아까 했던 이야기를 곧이곧대로 믿을 수는 없었다.

'가사이 같은 놈하고는 달라.'

다나카 도시오를 떠올리고 나는 부르르 몸서리를 쳤다.

의심하고 싶지는 않았지만 미리 조심해서 나쁠 건 없다. 아무리 머리 회전이 빨라도 시오리코 씨는 아직 자유롭게 움직일 수 없었다.

내가 곁에서 지켜줘야 한다.

5

일을 마치고 오후나의 집으로 돌아왔을 무렵에는 이미 해가 저물어있었다.

스쿠터를 세우고 큰길가의 문을 열었다. 집은 과거 식당이었던 건물의 2층이지만, 지금은 불이 켜져있지 않았다. 아까 어머니에게 직장 동료와 한잔할 테니 늦는다는 연락을 받았다.

혼자 차려 먹기도 귀찮아서 사먹기로 했다. 지금은 창고로 쓰는 가게에 스쿠터를 넣고 다시 문을 잠근 다음 상점가로 향했다.

뭘 먹을까 생각하고 있는데 휴대전화에서 귀에 거슬리는 소리가 들렸다. 지진이 나기 직전에 보내는 경보음이었다. 나를 포함한 행인들은 일제히 멈춰서 휴대전화나 스마트폰을 확인했다. 전보다 줄기는 했지만 큰 여진이 완전히 사라진 것은 아니었다.

한동안 기다려도 진동은 느껴지지 않았지만, 역 앞까지 갈 마음은 사라졌다. 눈앞에 보이는 햄버거 가게의 간판에서 저녁을 때우기로 했다. 내 주머니 사정을 생각하면 다소 비쌌지만, 월급 받은 지 얼마 안 됐으니 이 정도는 괜찮겠지. 어스름 속에서 희미하게 보이는 검은 간판의 추천 메뉴를 훑어보았다.

누군가가 호쾌하게 자동문에 몸을 부딪치며 뛰어 나왔다. 놀라서 고개를 들자 남색 교복 차림에 포니테일을 한 여고생이 어깨를 문지르고 있었다. 어지간히 급했던 모양이었다.

"아, 아파. 역시 오빠 맞네요."

여고생은 부딪친 팔을 쓱 들어 인사를 건넸다. 시오리코 씨의 동생 시노카와 아야카였다. 언니와는 딴판인 활기찬 소녀로, 내 모교인 기타가마쿠라의 현립 고등학교에 다닌다.

"안녕. 괜찮아?"

"괜찮아요. 이런 데서 뭐해요?"

"저녁 사러 왔어. 넌?"

"친구하고 학원 알아보러 나왔다 돌아오는 길에 여기 2층에서 수다 떨고 있었어요."

그러고 보니 아야카도 이제 고등학교 3학년, 내년에는 대학 수험을 앞두고 있다. 내가 비블리아 고서당에서 일하기 시작한 지 반년이 훌쩍 넘었다.

세월의 흐름이 빠르다는 사실을 실감했다. 나는 여전히 아르바이트생이지만.

"친구 기다리는 거 아냐?"

나는 그렇게 물었다. 인사를 하고도 아야카는 가게로 돌아가지 않았다.

"그건 그런데, 오빠한테 하고 싶은 말이 있어서 안 그래도 오늘 밤에 전화하려고 했거든요. ……저기요, 우리 언니하고 화해해줘서 고마워요."

"……화해?"

"어? 싸운 거 아니에요?"

그렇게 보였나? 여하튼 이런 길거리에서 자세히 할 이야기는 아니었다.

"싸운 게 아니라…… 서로 어색했던 것뿐이야. 저번에 같이 놀러갔을 때 일로 좀. 아무튼 사정이 있어."

"아……, 그랬구나. 아니면 됐어요."

애매한 설명에 아야카는 애매한 반응으로 답했다. 너무 캐묻지 말라는 뉘앙스를 알아챘는지도 모른다.

"어쨌든 앞으로도 언니하고 잘 지내줘요. 남자 대 여자로 사귀는 거랑은 별개로."

나도 그럴 작정이었다. 하지만 가급적이면 연인이 되고 싶었다.

"언니는 겉보기에 예쁘지만, 속은 꽤 귀찮은 사람이잖아요. 내가 아는 한 남자하고 이렇게 친해진 적은 없었어요. ……그래서 저번에 저녁 먹을 때 언니한테 물어봤어요. 오빠를 어떻게 생각하냐고."

나는 숨을 삼켰다.

반찬 간 좀 봐달라는 이야기처럼 슬쩍 꺼냈지만, 지금 가장 핵심을 찌르는 질문이다. 두 손에 힘이 들어갔다.

"언니는 뭐래?"

"같이 있으면 굉장히 안심되는…… 아빠 같은 사람이라고."

올라갔던 체온이 내려갔다. 나에게는 불길한 표현이었다.

'아빠 같아서 안심되는 존재지만, 연애감정은 딱히……' 라는 말로 거절당해도 이상할 게 없지 않은가.

"아, 미안해요. 우리 아빠보다 훨씬 젊은 오빠한테 할 말은 아니죠. 오빠는 언니보다도 어린데."

아야카는 당황한 듯 말했다. 내 미묘한 반응을 다른 의미로 받아들인 듯했다. 그래서 그런 게 아니라고 변명하기 전에 그녀는 말을 이었다.

"오빠한테는 미안하지만, 나도 그 얘기를 듣고 조금 이해가 갔어요. 우리 집에는 남자가 없잖아요……. 아빠는 돌아가셨고."

잠깐의 침묵이 흘렀다.

갑자기 뒤에서 자전거가 달려와서 순간적으로 발이 앞으로 나갔다. 아야카를 감싸며 교복 어깨를 잡고 인도 안쪽으로 밀었다. 아슬아슬하게 지나가는 자전거를 바라보며 나는 가슴을 쓸어 내렸다.

"고마워요."

아야카는 하얀 이를 보이며 씩 웃었다.

"안심된다는 건 이런 걸 말하는 거겠죠. ……한때 엄청 불안했던 시기가 있었어요. 언니가 다쳐서 입원하고, 집에도 도둑이 들고. 결국 모두 그 다나카 도시오라는 놈 짓이었지만.

시기가 시기라서 처음에는 오빠도 경계했어요. 나쁜 사람 같지는 않았지만 겉보기도 좀 무섭고 말수도 적은데, 언니 부탁으로 우리 가게에서 일을 시작했잖아요. 대체 무슨 일이 있던 건가 했죠."

분명히 일주일 정도는 노골적으로 감시했었다. 혼자 지키던 가게에 느닷없이 낯선 남자가 들어왔으니 경계하는 것도 당연하다고 생각했다.

"하지만 금방 괜찮겠구나 싶어서 마음을 놨어요. 성실하게 일하는 모습도 그렇고, 정중하게 손님을 대하는 모습도 그렇고…… 지금 생각해보면 어딘가 아빠하고 닮아서 그랬는지도 몰라요. 언니도 그런 식으로 느낀 게 아닐까요? 그리고 직접적으로 도와주기도 했잖아요."

"무슨 소리야?"

"다나카 도시오가 언니를 공격했을 때, 병원 옥상에서 업어치기로 메어꽂았잖아요."

아야카는 그렇게 말하며 업어치기 흉내를 냈다. 웃음이 터져 나올 뻔했다.

"불타는 책을 따라서 뛰어내리려고 하는 걸 말리다 보니 그런 것뿐이야. 별일 아냐."

"너무 겸손하다니까."

겸손을 떨려는 건 아니었다. 분명히 몸을 던져 막기는 했지만, 진정한 의미에서 시오리코 씨를 지킨 건 다름 아닌 그녀 자신이었다. 다자이의 『만년』을 향한 다나카의 집념을 끊어버리기 위해 눈앞에서 가짜 책에 불을 붙인 것이다.

진실을 아는 건 우리뿐이었다. 그리고 다나카와 내가 친척이라는 사실도.

비단 그 사건에 국한된 일이 아니었다. 시오리코 씨가 책에 관한 수수께끼를 풀 때마다 둘만 아는 진상이 늘어갔다. 그녀가 나와 있을 때 '안심'이 되는 건 그런 비밀들을 하나둘 공유하고 있기 때문인지도 모른다.

나에게는 그런 부분까지 연애였지만, 시오리코 씨는 어떻게 생각할까?

그녀는 무슨 생각을 할까?

항상 결론은 그것이다.

"요새 언니한테 뭔가 달라진 점 없어? 어디 나간다든지."

시노카와 아야카는 기억을 더듬듯 눈을 치켜떴다.

"딱히 없는 것 같은데……. 아, 저녁이나 밤에 자주 통화를 해요."

"통화?"

"옛날부터 우리 가게를 애용하던 단골손님일 거예요. 찾으시는 책이 들어왔다고 하는 걸 들은 것 같아요. 접객은 영 젬병인데 요새는 나름대로 노력하는 것 같아요. 무슨 바람이 불었냐고 했더니 손님에게 정보를 얻어내는 것도 중요한 일이라고……."

들어본 말이었다. 시노카와 지에코가 비블리아 고서당에 나타났을 때 딸에게 했던 조언이다. 그때는 반발했지만, 결국 어머니의 조언을 따르는 것이리라.

"그리고 저번 쉬는 날에 재판 방청을 갔어요. 증언했을 때 말고는 지금까지 한 번도 안 갔는데."

"설마 다나카 도시오의 재판?"

아야카는 고개를 끄덕였다.

"그래, 안 끝났지."

그 사건이 일어난 지 벌써 반년도 더 지났다. 본인도 죄를 인정하고 수사에 협조했다고 들어서 더 일찍 끝났을 줄 알았다.

"언니 사건은 마무리됐는데, 인터넷 옥션에서 돈을 뜯어내거나 그런 사건 심리가 계속되는 모양이에요. ……언니가 아무 말 안 해요?"

"못 들었어."

시오리코 씨는 재판에 대해 거의 말한 적이 없었다. 관심이 있는 것처럼 보이지도 않았다. 때문에 나도 굳이 묻지 않았다.

"그 남자 형기가 생각보다 줄었대요."

"뭐라고?"

"병원에서 언니 책을 빼앗으려 한 거나 협박한 건 유죄지만, 그 밖의…… 언니를 계단에서 밀친 일이나 오빠가 우리 가게에서 일하기 전에 했던 짓들은 전부 죄가 아니래요."

나는 할 말을 잃었다.

시오리코 씨는 그때 다친 다리 때문에 지금도 지팡이 없이는 생활하지 못했다. 당연히 중죄에 해당한다고 생각했는데.

"전부 자백한 거 아냐?"

“자백은 했죠. 하지만 증거가 없어서 입건을 못 했대요.”
“언니는 뭐래?”
“잘은 모르겠는데 크게 신경 안 쓰는 것 같아요. 어쩔 수 없는 일이라고. 어쩔 수 없긴 뭐가 없어요.”
아야카는 납득하지 못한 것 같았지만, 시오리코 씨가 어떤 뜻으로 그런 말을 했는지 나는 이해가 갔다. 그녀는 다나카를 병원으로 유인하기 위해 경찰에 신고하지 않았다. 재판에서 입증하기 어려우리라는 건 사전에 알았겠지.
“뭐, 몇 년은 감방에 있어야 하는 모양이지만. 아마 집행유예를 받지는 못할 거래요.”
그 말을 듣고 마음이 놓였다. 당분간 다나카가 우리 앞에 나타날 일은 절대로 없을 것이다.
형기는 둘째 치고, 시오리코 씨가 갑자기 방청을 갔다는 일이 마음에 걸렸다. 중요한 심리가 이미 끝난 상황에서 왜 그랬을까? 어쩌면 고백에 대한 대답을 미루는 것도 뭔가 관련이 있는 걸까?
“어, 내가 무슨 말을 하려고 했더라? 아, 맞아. 앞으로도 우리 언니 잘 부탁해요. 난 입시 때문에 바빠질 테니 오빠가 잘 좀 봐줘요. 또 무슨 일이 생기면 안 되니까.”
누가 언니고 누가 동생인지.
하지만 나 역시 같은 생각이었다. 고백의 답은 그렇다 치고, 무슨 일을 하려는 건지는 제대로 물어보는 게 좋을 것 같았다.

"알았어, 조심할게."

나는 그렇게 대답했다.

6

다음 날 아침, 나는 가게 오픈 준비를 일찌감치 끝냈다. 환기를 위해 바깥 유리문을 활짝 열어놓고 가게 안쪽으로 돌아왔다.

시오리코 씨가 계산대 안에서 잔돈을 세서 금전출납기에 옮겨 담았다. 작업을 마치고 금전출납기를 닫기를 기다렸다 말을 걸었다. 오픈 전인 지금이 가장 조용히 이야기를 나눌 수 있었다.

"잠깐 할 말이 있는데요."

시오리코 씨는 동전계수기를 든 채 나를 바라보았다. 뭔가 쑥스러웠지만 여기서 망설이면 지는 거라고 생각했다.

"고백의 답을 기다리는 건 문제가 안 되지만, 뭘 하려는 건지는 알려주면 안 되겠습니까?"

순간 검은 눈동자가 내 시선을 피했다. 기다란 속눈썹이 아름다웠다.

"다나카 도시오의 재판을 방청했던 일과 뭔가 관련이 있는 겁니까?"

"……아야카가 그래요?"

"예."

시오리코 씨는 어처구니없다는 듯 미간을 찌푸렸다.

"하여튼 별 얘기를 다 한다니까……. 그 재판과는 상관없어요. 지금은 다이스케 씨에게 말할 수 없는 일이에요. 죄송해요."

나는 감정이 느껴지지 않는 사과에 울컥했다.

꼭 그런 식으로 말해야 하나?

"만일의 경우에 대비해서 물어본 겁니다. 걱정돼서요."

덩달아 내 목소리도 굳어졌다.

안경 너머 그녀의 눈동자가 가늘어졌다.

"전 어린애가 아니에요. ……그런 것보다 일이나 하세요."

가시 돋친 말투였다.

'그런 것보다'라니. 가만히 있을 수 없었다. 자기가 생명의 위협을 받았던 사실을 잊어버린 건가?

"전부터 생각했는데, 자기 일을 너무 감추는 거 아닙니까?"

자연스레 목소리가 커졌다. 또 하나의 냉정한 내가 이런 말다툼을 해도 되겠냐고 머리 한구석에서 경고를 보냈다.

그렇다고 여기서 멈출 수는 없다. 그녀 역시 마찬가지이리라.

"무슨 생각을 하는지, 뭘 하려고 하는지, 좀 말해달라고요. 나도 어떻게 해야 좋을지 난감할 때가 있단 말입니다."

"아니……. 기, 기다려달라고 했더니 기다려준다고 했잖아요."

"꼭 이번 일뿐 아니라 전부터 말하려고 했습니다."

"옛날 일을 왜 갑자기 지금 꺼내는 건데요? 난감한 건 저도 마찬가지예요. 말하지 않는 건…… 이, 이유가 있어서예요."

"그러니까 그 이유가 뭐냐고 묻는 겁니다."

"제 이야기 못 들었어요? 제 일인데 왜 그렇게 끈질기게 물어보는 건데요?"

"좋아하니까요!"

가게 안이 정적에 휩싸였다.

첫 말다툼은 어째서인지 고백으로 끝났다. 어쩌다 이렇게 된 건지 스스로도 어처구니가 없었다.

순간 갑자기 삐거덕거리는 소리가 났다. 시오리코 씨가 의자에 앉은 채 와들와들 어깨를 떨고 있었다.

어디 아픈 것…… 같지는 않았다. 관자놀이까지 새빨갰다.

"가, 갑자기 그런 소리 하지 마세요! ……반칙이에요."

그녀는 눈을 꼭 감고 동전계수기로 얼굴을 가렸다.

"이, 일을 할 수가 없잖……."

시오리코 씨는 가녀린 목소리로 쥐어짜듯 말했다.

나는 침을 꿀꺽 삼켰다. 왜 처음에 고백했을 때보다 부끄러워하는 거냐고 물을 여유도 없었다. 이런 반응을 보면 이성이 날아갈 것 같았다.

나는 천천히 동전계수기를 빼앗았다. 시오리코 씨는 여전히 눈을 감고 있었지만 저항은 하지 않았다.

그녀의 불그레한 뺨에 내 손이 닿으려던 순간이었다.

"……미안한데."

뒤에서 들린 목소리에 나는 펄쩍 뛰었다. 쭈뼛거리며 돌아보자 그물 조끼 차림의 남자가 겸연쩍은 표정으로 민머리를 긁적이고 있었다.

"한창 좋을 때 방해해서 미안! 책 좀 팔려고 하는데."

시다는 그렇게 말하더니 두 손에 든 커다란 가방을 들어 보였다.

금방 돌아오겠다는 말을 남기고 시오리코 씨는 안채로 들어갔다. 마음을 가라앉히기 위해 심호흡이라도 하고 있으리라. 하는 수 없이 내가 책을 받아 매입 서류를 내밀었다. 한동안 우리 둘 다 아무 말도 하지 않았다.

아직 가게 문을 열려면 멀었다.

대체 어디서부터 들었는지 확인할 용기도 없었다. 나를 위로하는 듯한 저 어색한 눈빛을 보니 '좋아하니까요!' 라고 외쳤을 때는 이미 가게 안에 있었던 모양이었다. 소리치며 도망치고 싶은 충동을 억눌렀다.

"……이봐."

시다는 서류를 쓰며 조용히 물었다.

"네."

"좋을 때야."

"죄송한데 더는 말씀 마세요."

"아니, 놀리는 게 아니라, 저렇게 좋아했다, 헤어졌다, 울고 웃을 시간이 자네들한테는 한참 남았잖아. ……나 같은 늙은이하고는 다르지."

자기 자신을 되돌아보는 듯 절절한 목소리였다.

"시다 씨도 아직 젊으시잖아요."

실제로 늙은이라 할 정도로 나이가 든 건 아니었다. 하지만 시다는 쓴웃음을 지으며 고개를 저었다.

그때 안채로 통하는 문이 열리고 지팡이를 짚은 시오리코 씨가 돌아왔다.

"기, 기다리시게 해서 죄송해요."

그녀는 시다에게 고개를 숙였다. 뺨은 아직 발그레했고,

내 쪽을 일절 보려고 하지 않았다.

일단 나를 이성으로 의식하기는 하나 본데, 결국 어떻게 생각하는지는 확실히 알 수 없다. 그녀가 아직 나에게 답을 주지 않았고, 그 이유를 설명하는 것도 거부했다는 사실은 달라지지 않았다.

"저기, 책을……."

시오리코 씨는 계산대 안쪽에 앉아 앞을 본 채로 중얼거렸다. 나에게 하는 말이었다. 황급히 가방에서 책을 꺼냈다.

외국 철학이나 문학서가 중심이었다. 『조르주 바타유 저작집』이나 『이쿠타 고사쿠 콜렉션』 등 박스에 든 양장본이 많았다. 《도쿄인》이라는 잡지도 몇 권 섞여있었지만, 모두 간다 진보초일본의 대표적인 고서점 거리 특집이었다.

책갈피 대신인지 광고지를 가늘게 자른 종이가 군데군데 끼워져있었다. 보존상태도 좋았고, 파손된 부분이나 접힌 부분도 없었다. 소중히 보관했던 책 같다.

"이 책은 어디서 들여오신 겁니까?"

나는 물었다. 다른 고서점에서 구해온 책 같지는 않았다. 시다는 잠시 뜸을 들이더니 이마를 긁적였다.

"실은…… 어제 나하고 같이 왔던 그 양반 책이야. 본인도 같이 오기로 했는데, 중요한 볼일이 생겨서 내가 대신 들고 온 거야. 잘 보고 감정해줘. 이 가게에 어울리는 책이니까."

그렇게 말하더니 계산대를 벗어나 여느 때처럼 책장을 둘러보기 시작했다.

나는 그 뒷모습을 눈으로 좇았다. 시오리코 씨가 지적한 대로 시다는 그 노인의 이름을 말하려 하지 않았다. 매입 서류에 적은 것도 자신의 이름이었다.

"……다이스케 씨."

시오리코 씨가 살며시 나를 불러 계산대에 쌓인 책의 방향을 바꾸었다. 어느새 완전히 냉정한 모습을 되찾았다.

"아……."

가방에서 꺼냈을 때는 몰랐는데, 자세히 보니 모든 책등과 커버 모서리에 작은 점이 찍혀 있었다. 그 《월간 호쇼》에 있던 표시와 똑같았다.

나는 제일 위에 놓인 《도쿄인》을 들고 책갈피가 끼워진 페이지를 펼쳤다. '추천 고서점 가이드' 라는 제목의 페이지에 책의 전 주인이 관심을 가졌음직한 고서점 이름에 동그라미를 쳐놓은 게 보였다.

"어떻게 된 거죠?"

나는 목소리를 낮추고 물었다.

"이것만 가지고는 뭐라고…… 아무튼 감정할게요."

시오리코 씨가 책 상태를 확인하고 금액이 적힌 메모지를 붙이는 동안 나는 머릿속에서 지금까지 일어났던 일들을 정리했다.

미야우치 다미코라는 여자가 기묘한 표시가 된《월간 호쇼》를 곳곳에서 팔았다 다시 사들이는 일을 반복하고 있다. 그녀는 책의 원래 주인은 남편이라고 했다. 그리고 시다와 친하게 지내는 노인이 비블리아 고서당에 팔려는 책에도 같은 표시가 있다.

"……프랑스 문학이나 프랑스 현대사상 관련 서적이 많네요."

시오리코 씨가 작은 소리로 말했다.《월간 호쇼》의 소유주가 체크했던 책들도 대부분 그런 유였다.

'원래 주인이 같은 건가?'

그러고 보니 그 미야우치라는 여자는 그 책들의 주인이 죽었다고는 하지 않았다. 어쩌면 헤어진 남편이 두고 간 잡지일지도 모른다. 그 노인의 부인이라고 하기에는 조금 나이 차이가 나지만.

"이것 좀 보세요."

시오리코 씨는 아까 내가 보았던《도쿄인》을 펼쳤다. 무슨 말인지 몰라서 고개를 갸웃거리자 그녀는 내 귓가에 속삭였다.

"…… '닛타' 가 없어요."

"아, 정말이네요."

듣고 보니 《월간 호쇼》에 반드시 적혀있었던 두 글자가 보이지 않았다. 만일을 위해 감정이 끝난 양장본도 펼쳐봤지만, 결과는 같았다. 주인이 같다면 왜 오늘 들어온 책에는 그 메모가 없는 것일까. 도무지 영문을 알 수 없었다.

"시다 씨."

시오리코 씨의 부름에 시다가 계산대로 다가왔다.

"상태는 좋은데, 메모된 부분이 많아서…… 연필로 쓴 게 아니라 지울 수도 없고요……."

"그래, 그건 어쩔 수 없지. 나도 딴 소리 안 할게."

시다는 고개를 끄덕였다.

"주인에게도 미리 말해뒀어. 본문에 메모가 되어있으면 값을 잘 쳐주지는 않는다고. 이해할 거야."

시오리코 씨가 금액을 제시하자 시다는 순순히 받아들였다. 대금 지불이 끝나자 그녀는 지나가는 말로 물었다.

"이건 무슨 표시인가요?"

마르셀 에메의 《타인의 머리 · 달의 새들》의 책등을 가리켰다. 시다는 눈을 부릅뜨며 들여다보더니 "아, 그거"하고 웃었다.

"이건 그 양반이 다 읽은 책을 표시한 거야. 어떤 책을 읽었는지 한눈에 알 수 있어서 편리하다고 하더라고."

"자기가 그 책을 읽었는지 안 읽었는지 잊어버린다고요?"

내가 물었다.

"가지고 있는 책이 늘어나면 딱히 이상할 건 없지. 나이가 늘면 기억력도 나빠지거든."

수수께끼가 하나 풀린 기분이었다. 대량의 책을 사들이는 사람 나름의 지혜이리라.

"그러고 보니 우리가 친해진 것도 이 표시가 계기였어."

시다는 우리의 얼굴을 번갈아 보며 말을 이었다.

"어제 말했잖아. 시민회관 벤치에 앉아있던 그 양반에게 말을 걸었다고. 거기서 책을 읽는 늙은이들은 많지만, 그 양반은 책등에 뭘 적고 있어서 뭐하는 건가 싶었지. 물어봤더니 생각대로 재미있는 양반이라 그날로 친해졌고. …… 아, 맞다."

뭔가 떠오른 듯 시다는 성큼성큼 가게 구석으로 가서 바로 책 세트를 가지고 돌아왔다. 나는 화들짝 놀랐다. 얼마 전에 들여온 《월간 호쇼》 세트였다.

"그, 그건 왜……."

"책을 판 돈으로 이걸 사다 달라고 하더라고. 어제 가게에서 보고 욕심이 났다고."

시오리코 씨와 나는 서로 마주봤다. 이쯤 되면 도저히 우연이라 생각할 수 없었다.

"이 세트에도 같은 표시가 되어있어요."

나는 비닐에 싼 《월간 호쇼》의 책등을 가리켰다. 원래 있던 재고가 몇 권 섞여있기는 했지만, 그것을 제외한 모든 권에는 검은 펜으로 작은 동그라미 표시가 있었다.

"호오, 그러면 원래 그 양반 책이었나? 난 아무 말도 못 들었는데."

시다는 의아한 듯 고개를 갸웃거렸다. 《월간 호쇼》와의 관계에 대해 아무것도 모르는 눈치였다. 알면서 모르는 척하는 건지도 모르지만.

"……시다 씨."

시오리코 씨의 말투가 바뀌었다. 평소의 쭈뼛거리는 태도는 흔적도 찾아볼 수 없었다. 책에 관한 수수께끼가 나타나자 딴사람이 된 것 같다.

"이 책의 주인에 대해 더 자세히 말씀해주실 수 없을까요? 가능하다면 성함도요."

처음으로 시다의 얼굴에 동요하는 빛이 나타났다. 얼버무리려는 듯 빈 가방을 계산대에서 집어 깔끔하게 접었다.

"그걸 왜 알고 싶은데?"

"그 《월간 호쇼》를 둘러싸고 최근 이상한 일이 일어난다고 들었어요. 오늘 일과도 뭔가 관련이 있을 것 같아서……. 부탁드립니다. 가르쳐주세요."

나는 시오리코 씨의 진지한 태도에 내심 놀랐다.

이번 일은 원래 다키노에게 들은 소문이 발단이라, 수수께끼를 해결해달라고 의뢰한 사람도 없다. 단순한 호기심이라고 하기에는 도가 지나친 게 아닐까? 어쩌면 이번 일에 내가 아직 알아채지 못한 비밀이 감춰져있는 건지도 모른다.

"미야우치나 닛타라는 성을 가지신 분이 아닌가요?"

"그게 누군데? 맹세코 그런 이름은 아냐."

시다는 딱 잘라 부정했다. 하지만 진짜 이름이 뭔지는 말하려 하지 않았다.

"……그렇겠죠."

시오리코 씨도 동의했다. 이런 답이 돌아오리라 예상했던 모양이었다.

"시다 씨는 그 분의 본명을 남들 앞에서 일부러 말하지 않으려고 하시는 거죠? 비슷한 처지라서요."

침묵이 흘렀다. 그렇게 된 일이었나. 시다는 과거에 큰 실패를 겪고, 아마 가명으로 조용히 살고 있다. 그 노인도 같은 처지인 것이리라. 비슷한 과거를 가졌기 때문에 이 두 사람은 가까워진 것이다.

"……그 양반은 범죄자가 아니야."

이내 시다는 무겁게 말문을 뗐다.

"일전에도 말했듯이 좋은 사람이야. 하지만 감당할 수 없는 게 있어서 죄다 버리고 도망쳤지. ……지금은 유일한 낙인 책을 읽으며 여생을 보내고 있어. 앞으로도 남한테 폐를 끼치진 않을 거야. 그러니까 가만히 내버려 둬. 부탁이야."

말을 마친 시다는 우리에게 깊이 고개를 숙였다.

《월간 호쇼》를 가지고 시다가 가게를 떠난 뒤, 우리는 바로 가게를 열었다. 처음 일은 방금 매입한 고서의 진열이었다. 시다가 오기 전에 있었던 말다툼은 결국 흐지부지 끝났다.

"앞으로 어쩔 겁니까?"

계산대에서 『이쿠타 고사쿠 컬렉션』을 비닐로 싸며 나는 시오리코 씨에게 물었다. 어깨를 떨군 채 사라진 시다의 모습이 머리에서 떠나지 않았다. 결국 끝까지 그 노인의 본명을 말하지 않았다.

시오리코 씨도 시다의 부탁을 들어준다는 말은 하지 않았다. 아마 그녀는 이미 이번 일의 진상을 알고 있는 것이다. 단서가 아무리 사소하더라도 시오리코 씨라면 문제없다. 나는 예상도 하지 못한 결론에 도달했으리라.

하지만 그것을 밝히면 그 노인의 생활이 엉망이 될지도

모른다.

"이대로 모른 척하지는 않을 거예요."

"하지만……."

"다이스케 씨."

가격표를 붙이던 시오리코 씨는 동작을 멈추고 내 말을 잘랐다.

"어떤 사정으로 도망친 사람이 자신이 찾아낸 곳에서 조용히 살고 싶다는 바람……, 그 마음을 모르는 건 아니에요. 하지만 도망친 사람이 있으면 남겨진 사람도 분명 존재해요. 남겨진 사람의 마음도 생각해줘야죠."

나는 아무 말도 할 수 없었다. 시오리코 씨는 시다와는 다른 시각에서 이 일을 바라보는 것이다. 그녀는 남겨진 사람이다.

"가까운 시일 내에 미야우치 씨가 찾아오실 테니, 그때까지 기다릴 거예요."

그때 모든 진상이 밝혀지리라. 그 여자가 왜 기묘한 행동을 반복하는지, '닛타' 라는 말은 대체 무슨 뜻인지, 왜 오늘 시다가 가져온 책에는 그 말이 없었는지.

그 결과 어떤 일이 일어나더라도, 도망친 적도, 남겨진 적도 없는 내가 끼어들 자리가 아니다.

하지만 시오리코 씨가 무엇을 하려는지, 그것만큼은 지

켜보자.

7

미야우치 다미코가 비블리아 고서당을 다시 찾은 건 이틀날 저녁이었다.

밖에 놓아둔 균일가 상품이 담긴 매대를 가게 안으로 들여놓으려는데, 기타가마쿠라 역 개찰구 쪽에서 걸어오는 여자의 모습이 보였다. 일전과 마찬가지로 파란 레인코트 차림이었다. 나는 작업을 멈추고 그녀가 다가오기를 기다렸다.

"어서 오세요."

"안녕하세요. 부탁드리고 싶은 일이 있어서 왔는데요……."

"아, 네. 들어오세요."

나는 미야우치를 가게 안으로 안내했다. 아까까지 컴퓨터 앞에 있었던 시오리코 씨는 어느새 계산대 안에 있었다. 우리의 대화를 들은 모양이었다.

"또 들러주셨네요, 감사합니다."

시오리코 씨는 지팡이를 짚고 고개를 숙였다.

"오늘은 어떻게 오셨죠?"

부드러운 어조로 묻는 시오리코 씨의 모습에서는 지난주와는 전혀 다른 침착함이 느껴졌다.

"그때 팔았던 잡지를 다시 사려고 왔어요. 역시 못 팔겠어요."

"죄송하지만 그 잡지는 얼마 전에 전부 팔렸어요."

미야우치의 안색이 달라졌다. 그녀는 두 손으로 계산대를 짚고 시오리코 씨 쪽으로 몸을 내밀었다.

"누가 사갔는지 알려줘요, 부탁이에요."

그녀는 떨리는 목소리로 애원하듯 말했다. 시오리코 씨도 뭐라고 말하려 했지만, 결국 말을 잇지 못했다.

"자세한 사항은 말씀드릴 수가 없어요. 고객의 개인정보에 관련된 일이니까요. 하지만 사정을 말씀해주시면 제가 확인해 보겠습니다. ……그분이 정말 미야우치 씨의 남편분인지 아닌지."

미야우치는 힘없이 어깨를 떨궜다. 그녀는 시오리코 씨의 얼굴을 뚫어져라 바라보았다.

"어디까지 아는 거죠?"

"자세히는 모릅니다. 그 《월간 호쇼》를 구입하신 분이 다 읽은 책등에 동그라미 표시를 하는 버릇이 있다는 것, 미야우치 씨와는 꽤 나이 차이가 나는 분이라는 것……. 이따금 이곳을 찾으시지만 본인에 관한 이야기는 하지 않으시죠."

구부정한 자세로 책을 읽는 노인의 모습이 머릿속에 떠올랐다. 우리는 아직 그 사람의 이름조차 알지 못했다.

"남편일 거예요."

미야우치는 생긋 웃었다. 나이와 맞지 않는 화사한 미소였다.

"아는 건 그게 다예요?"

"아뇨. 미야우치 씨가 곳곳의 고서점에 《월간 호쇼》를 팔았다 다시 사들이는 이유도……."

미야우치 다미코는 살며시 눈을 내리깔았다. 다른 고서점에서 같은 일을 했다는 사실까지 우리가 알 줄은 몰랐던 것이리라.

"미야우치 씨가 그 잡지를 가져간 고서점은 남편 분이 특히 관심을 가지셨던 장르의 책을 주로 취급하는 곳이었어요. 자주 들렀더라도 이상할 것 없는 가게였죠. 미야우치 씨는 사라진 남편과 연락을 취하기 위해 그 잡지를 파셨던 거예요."

나는 무슨 뜻인지 이해가 가지 않았지만, 미야우치는 가만히 듣고 있었다. 시오리코씨는 계속해서 말을 이었다.

"아마 이 부근의 고서점에 남편 분이 나타났다는 소문을 누군가에게 들으시고 처음에는 그 가게에 문의했지만, 고객의 개인정보를 쉽게 알려주는 고서점은 없죠……. 그래서 남편 분이 소장하셨던 《월간 호쇼》를 팔기 시작했어요.

얇은 평철 잡지고, 과월호가 수십 권 늘어서있으면 책등의 표시도 한눈에 들어오죠. 남편 분이 그걸 보시고 사가실지도 모른다고 생각하신 거죠. ……아닌가요?"

"……맞아요."

미야우치는 고개를 끄덕였다. 두 사람은 서로 이야기가 통하는 모양이었지만, 나는 도무지 이해할 수가 없었다. 하는 수 없이 질문을 던졌다.

"말씀 중 죄송합니다만, 남편 분이 그 책을 사가시면 뭐가 달라집니까?"

두 여자는 서로 얼굴을 마주보았다. 시오리코 씨가 설명해주었다.

"그 《월간 호쇼》에는 남편 분에게 보내는 메시지가 담겨있었어요. 미야우치 씨의 댁으로 연락해달라는 내용의 메시지가요."

"어디에 그런 말이 있습니까?"

시오리코 씨는 계산대에 놓인 장부를 펼쳐 매입 서류 한 장을 꺼냈다. 지난주 이곳에서 미야우치 다미코가 기입한 서류였다. 긴 손가락이 주소를 가리켰다. 도쿄도 오타구 야구치…….

"이게 어쨌는데요?"

“처음에는 저도 몰랐는데…… 이 주소에서 가장 가까운 전철역은 도큐 다마가와 선 무사시닛타 역이에요.”

나는 아, 하고 외쳤다. 그 ‘닛타’라는 메모는 사람 이름이 아니라 역 이름이었던 것이다!

‘나는 무사시닛타 역 근처에 산다.’ 그런 메시지였나?

“그럼 미야우치 씨가 나중에 추가한 말입니까?”

“네. 메모가 된 모든 페이지에 ‘닛타’라고 적혀있던 건, 남편 분이 어느 호의 어느 페이지를 펼칠지 알 수 없기 때문이었죠. 본인이 소장했던 잡지에 아내 분의 글씨가 적혀 있다면 무엇을 뜻하는지는 쉽게 알아채겠죠.”

“……지금 내가 사는 곳은 남편하고 처음 결혼했을 때 산 맨션이에요. 남편에게도 추억이 담긴 곳이죠.”

미야우치 다미코는 그렇게 말했다. 어제 그 노인에게 매입한 책에 ‘닛타’라는 글씨가 없었던 이유를 그제야 알 수 있었다. 하지만 그래도 아직 이해할 수 없는 점이 있다.

“왜 이런 번거로운 방법을 택하신 겁니까? 더 확실한 방법이 있었을 텐데…….”

“아뇨, 그런 방법은 없어요.”

시오리코 씨가 말했다.

“본명도, 출신도 밝히지 않고, 가끔 고서점에 나타날 때 말고는 소식을 알 수 없는 분과 확실히 연락을 취할 수 있는 방법은 없죠. 조금이라도 남편의 눈에 띌 기회를 늘리기 위해 여러 고서점을 돌며 잡지를 팔았다 되사기를 반복할 수밖에 없었던 거예요."

그렇게 된 일이었군.

그 노인은 정해진 날짜에 이곳을 찾았던 게 아니다. 다른 가게에서도 마찬가지였으리라.

분명 지푸라기라도 붙잡는 심정으로 이 부인은 그런 시도를 계속했던 것이다. 그리고 그 의도를 정확히 파악하고 돕기 위해 나선 사람이 여기 있다.

"아가씨 말이 맞아요. 꼭 내 머릿속을 읽은 것 같네요."

미야우치 다미코는 그렇게 말하며 쓴웃음을 지었다.

"쉽게 찾지 못할 건 각오한 바예요. 남편은 머리도 좋고, 경계심도 강한 사람이라……. 하지만 정에 약한 구석이 있어서, 그것 때문에 결혼을 결심했죠. 나는 그 사람의 결점까지 믿었어요. 초혼이 아니라는 점과 나이 때문에 주변 사람들은 반대했지만, 내가 고집을 피워 결혼한 거예요. 둘이서 함께 회사를 경영했어요. 3년 전까지는."

3년 전. 나는 마음속으로 되뇌었다. 노인이 회사를 그만두고 이곳에 거처를 마련했던 시기와 일치했다.

"책을 모으는 게 유일한 취미고, 그 외에는 거의 돈을 쓰지 않는 사람이었어요. 그래서 나도 마음을 놓았죠. 회사

공금에 손을 댔다는 사실을 알았을 때는 정말 놀랐어요. 거의 5천 만 엔 가까이 빼서 썼더군요."

"5천 만……."

놀라울 따름이었다. 숫자로밖에 본 적 없는 금액이다.

"그 돈을 어디다 쓰신 거죠?"

시오리코 씨가 물었다. 너무 개인적인 질문이 아닌가 싶어 내심 가슴이 철렁했지만, 미야우치는 딱히 신경 쓰는 것 같지 않았다.

"남편의 전처는 나보다 훨씬 젊은 여자인데…… 돈이 급하다고 해서 한동안 빌려줬던 모양이에요. 그런 큰돈을 왜 줬는지, 그때 두 사람이 어떤 관계였는지, 자세히는 몰라요. 추궁하기 전에 둘 다 자취를 감췄거든요.

때마침 우리 회사도 경영이 악화돼서 자금난에 시달리다 파산했어요. 그 돈만 있었다면 위기는 넘겼겠죠."

말투는 시원스러웠지만, 그 속에서 그간의 심적 고통과 괴로움이 느껴졌다. 벌레도 못 죽일 것 같던 그 노인에게 그런 과거가 있었다니…….

아니, 도망쳤다는 건 그만한 죄를 저질렀기 때문이리라.

'하지만 도망친 사람이 있으면 남겨진 사람도 분명 존재해요.'

남겨진 사람의 인생도 완전히 달라졌다. 말 그대로 돌이

킬 수 없는 것이다.

"그 뒤에 남편 분을 찾으셨죠?"

"온갖 방법을 동원했죠. 하지만 찾지 못했어요."

밝지만 메마른 목소리였다.

"그 밖에도 해야 할 일이 산더미처럼 쌓여있어서 남편 일은 나중으로 미룰 수밖에 없었어요. 다시 남편 생각이 난 건 그로부터 시간이 한참 흐르고 나서였죠. 빚을 갚기 위해 가진 재산을 모두 처분하고, 유일하게 남은 맨션으로 이사한 뒤였죠.

지금 생각해 봐도 남편과의 결혼 생활에 힘들었던 기억은 없어요. 직장에서 계속 붙어있었기 때문에 휴일에는 따로 시간을 보냈죠. 그게 서로 편했어요. 나는 아웃도어 파라 남편과는 취미도 전혀 달랐고요."

그녀는 그리운 듯 눈을 가늘게 뜨며 책장을 둘러보았다.

"남편은 쉬는 날이면 진보초에 가서 책을 이만큼 싸들고 왔어요. 거실에 책을 쌓아두고 한 권씩 살펴봤죠. 뭘 샀느냐고 물어보면 신이 나서 책 이야기를 했어요. 무슨 말인지는 몰라도, 듣는 것만으로도 좋았죠. 여자는 뭔가에 열중한 남자에게 매력을 느끼는 법이잖아요?"

시오리코 씨는 그 말에 고개를 갸웃거렸다. 딱히 공감하지 못한 눈치였다. 차라리 내가 더 공감이 갔다. 난 남자지만.

"그렇게 많았던 남편 책도 거의 처분했어요……. 둘 곳도 없었고, 돈이 필요했거든요."

"……《월간 호쇼》는 팔지 않으셨군요?"

"맞아요. 남편이 오랫동안 정기구독하며 구석구석까지 꼼꼼하게 읽었던 잡지였거든요. 아가씨도 봤겠지만 여기저기 메모를 해가며 읽었어요. 살 책이든, 안 살 책이든 목록에 동그라미를 쳤죠. 그걸 하나씩 읽다 보니, 어떤 책을 좋아했는지, 어떤 생각을 했는지, 그런 걸 조금씩 알 것 같아서…… 남편이 옆에 있는 것 같은 거예요. 결국에는 나도 책을 읽게 됐고요."

미야우치의 말대로 고서 잡지의 메모를 자세히 살펴보면 그 주인의 독서 경향을 파악할 수 있다. 고서에 대해 잘 모르던 미야우치가 남편이 나타날 법한 고서점을 예측할 수 있었던 것도 《월간 호쇼》 덕이리라.

"사정은 잘 알았습니다."

시오리코 씨는 그렇게 말했다.

"아까도 말씀드렸듯 제가 《월간 호쇼》를 사신 분을 만나보겠습니다. 만일 남편 분이 맞으시면 어쩌실 건가요? 직접 만나실 건가요?"

미야우치는 입을 꾹 다물었다. 그녀의 가슴 속에 어떤 갈등이 자리하고 있는지 나는 알 도리가 없었다. 하지만 미야우치는 이내 밝은 표정으로 말했다.

"남편의 의사도 존중해야 하니 그러진 않을래요. 대신 말 한마디만 전해줘요."

"……네."

"마음 내킬 때 전화 달라고."

시오리코 씨는 진지한 표정으로 다음 말을 기다렸지만, 침묵이 흐를 뿐이었다.

"저기, 더 하실 말씀은……?"

"그렇게만 전해줘요."

미야우치 다미코는 웃으며 말했다.

시오리코 씨는 예상치 못한 짧은 전언에 당혹스러워하는 것 같았다. 미야우치가 돌아간 뒤에도 여우에 홀린 듯한 표정이었다.

좌우지간 그날 시오리코 씨는 외출했다. 먼저 시다와 만나 노인의 주소를 물은 모양이었다. 분명히 전했다고 하니, 본인을 만나 이야기한 듯하다.

이 일에 대해 내가 아는 건 이게 전부다.

시오리코 씨가 찾아간 그날부터 노인은 비블리아 고서당에 발길을 끊었다. 미야우치에게 따로 연락이 온 적도 없었다. 미야우치의 말을 듣고 결국 어떻게 했는지, 나중에 찾아온 시다에게 물었지만 그는 글쎄다 하고 어깨를 으쓱할 뿐이었다.

시오리코 씨와 내가 그 일을 화제로 삼는 일은 없었다. 일단 수수께끼를 해결하면 시오리코 씨는 그 건에는 전혀 관심을 보이지 않았지만, 이번 일은 그와는 뭔가 다른 것 같았다.

그날, 분명 미야우치 다미코의 남편은 자세한 사정을 말했을 것이다. 제삼자에게는 말할 수 없었던 내용이었던 게 아닐까. 시오리코 씨가 날 데려가지 않은 것도, 그렇게 될 줄 예상했기 때문이리라.

모두 내 상상에 불과할 뿐이다. 어디까지 사실인지 알 수 없다.

'……그냥 잊자.'

출근길, 더는 이 일에 대해 생각하지 않기로 했다. 시오리코 씨에게는 더 많이 말해달라고 했지만, 그녀의 말대로 말할 수 없는 사정이라는 것이 있을 테니까.

스쿠터는 기타가마쿠라 역에 도착했다. 구름 한 점 없는 화창한 날이었다. 유리문을 열자 가게 안에는 인기척이 없었다. 시오리코 씨는 아직 안채에 있는 모양이었다.

좌우지간 영업 준비를 하자.

그전에 벽에 걸린 달력을 한 장 넘겼다. 활짝 핀 벚꽃 아래로 푸르른 산이 모습을 드러냈다.

오늘부터 5월이다.

단장 1

고야마 기요시 『이삭줍기 · 성 안데르센』(신초문고)

나는 책상다리를 하고 책을 읽고 있었다. 이곳은 다리 근처 강변이다.

해가 저문 뒤에도 콘크리트 블록에는 아직 열기가 남아 있었다. 노숙자들에게는 4월이 가장 지내기 편한 달이다. 바람을 쐬며 책을 읽을 수 있는 계절은 길지 않다.

하지만 해질녘에 글자를 읽기란 쉽지 않았다. 손전등을 켰다. 전지가 아까웠지만, 가끔은 이런 사치를 부려도 되겠지.

나는 수제 펠트 커버를 씌운 문고본을 읽고 있었다. 작년에 이 책을 훔쳐간 여고생에게 받은 커버였다. 책은 언제나 그렇듯 고야마 기요시의 『이삭줍기 · 성 안데르센』, 나의 애독서였다.

지금은 표제작인 「성 안데르센」을 읽고 있었다. 안데르센이 어머니에게 보낸 편지 형식의 서간체 소설이었다. 「이삭줍기」처럼 달짝지근한 이야기였지만 싫지는 않았다.

그나저나 이 작가의 소설에 등장하는 녀석들은 하나같이 가난하군. 나도 남 말할 처지는 아니지만.

사람 그림자 하나가 강둑 위 인도에서 이쪽을 향해 내려왔다. 이상할 정도로 천천히.

얇은 코트를 걸친 여자였다. 긴 머리가 어둠에 녹아들고 있었다.

나는 용수철처럼 벌떡 일어났다. 과거 나를 구해줬던 은인처럼 보였다.

아니, 지팡이를 짚고 있다. 은인의 딸이다.

"시다 씨, 안녕하세요."

어머니를 빼닮은 시원스런 목소리로 인사를 건넸다.

이 아가씨가 이렇게 청산유수로 말하는 건 대체로 누군가를 추궁할 때였다. 좋은 일로 찾아온 건 아닌 모양이었다.

"책 읽는 중이신가 봐요."

"일도 끝났고 해서 쉬고 있었어. 저번에 아가씨가 찾아준 그 책…… 고야마 기요시야."

나는 문고본 표지를 두드리며 말했다. 무슨 볼일로 찾아왔는지는 대충 짐작이 갔지만, 내가 먼저 말을 꺼내고 싶지는 않았다.

"그거 알아? 고야마 기요시는 교도소에 들어갔던 적이 있어. 그 체험을 바탕으로 쓴 소설도 있지. 우리는 작가라고 뭉뚱그려서 말하지만, 뜯어보면 저마다 살아온 모습은 제각각이야."

쓸데없는 이야기가 튀어나왔다. 나도 얼마 전에 도서관에서 읽은 단편집을 통해 알게 된 사실이었다.

"일본 펜클럽 횡령 사건 말이죠? 실형을 살 필요까지는 없었는데, 본인이 자처해 무거운 벌을 받았다는 이야기도 있어요."

척하면 척 대답이 돌아왔다. 시종일관 이런 아가씨와 얼굴을 맞대고 있어야 하는 고우라는 정말 배짱이 두둑한 녀석이라 생각했다. 나는 뭔가 영 찝찝했다.

"그 책, 잠깐만 빌려주실래요?"

지팡이를 짚지 않은 쪽 손을 내밀었다.

"그러고 보니 한 번도 본 적이 없어요."

"좋아."

이제 와서 거절해서 뭣하겠는가. 나는 문고본을 내밀었다.

"아까 가게에 미야우치 다미코 씨가 다녀가셨어요."

이야기보다 상대의 손에 더 주의가 쏠렸다. 펠트 커버를 한 손으로 벗겨내 커버를 지팡이를 짚은 팔 옆구리에 끼었다.

"《월간 호쇼》를 파신 분이에요. 남편 분에게 말을 전해달라고 부탁하시더군요. 마음 내킬 때 전화 달라고 하셨어요."

"……무슨 소리야?"

"처음 위화감을 느낀 건 두 분이 처음 만난 이야기를 들었을 때였죠."

뜬금없이 시작된 이야기에 나는 내심 혀를 내둘렀다.

"시다 씨가 자전거를 타고 지나가다 후지사와 시민회관 앞 벤치에서 책을 읽고 계셨던 그분을 보고 말을 걸었다고 하셨죠……."

"거짓말은 안 했어."

"네. 그래서 더 부자연스럽게 느껴졌어요. 그 벤치에서 책을 읽는 노인이 많다고 하셨죠. 그런데 일부러 자전거를 세우고 말을 거셨을 정도면 이유가 있었겠죠. 책등에 뭔가 적고 있었다는 이유만으로 그렇게까지 하셨을까요?"

나는 이 아가씨가 이미 내 속을 꿰뚫어봤다는 걸 깨달았다. 하지만 아직 전부 아는 건 아니다.

"그뿐이야?"

"결정적으로 이상하다고 생각한 건 어제 시다 씨가 가져오신 책을 감정했을 때였어요. 분명히 책등에 검은 표시가 되어있었고, 메모한 흔적도 있었죠. 하지만 책 주인은 페이지를 표시하기 위해 직접 만든 책갈피를 이용했어요. 잡지 역시 마찬가지였고요."

순간 움찔했다. 그런 데서 꼬리가 잡혔나?

"하지만 《월간 호쇼》는 책장 끝이 접혀있었죠……. 이런 버릇에는 소유자의 개성이 반영되어있어요. 일부러 책갈피를 만들어서 책 사이에 끼워두는 사람이, 그 잡지를 읽을 때만 책장 끝을 접어서 표시할까요? ……한마디로 《월간 호쇼》와 어제 그 책의 소유자는 다른 사람이에요.

어제 그 책이 시다 씨의 친구 분의 책이라면, 《월간 호쇼》는 누구의 책일까요? 저는 한 사람밖에 떠오르지 않았어요."

시노카와 시오리코는 신초문고의 책등을 나에게 내밀었다. 모서리에 표시된 까만 동그라미가 형광등 불빛을 받아 어슴푸레 보였다.

그녀는 책을 펼쳤다. 「이삭줍기」가 실린 페이지 끝이 접혀있었고, 내가 좋아하는 구절에 까맣게 표시되어있었다.

나는 내 과거를 되돌아보며 사랑했던 이에 대해 조금씩 이야기하려 한다.

"미야우치 다미코 씨가 찾는 남편 분은 시다 씨죠? 친구

분이 아니라."

얼버무리기는 어려울 것 같았다. 고우라는 속았으니, 어쩌면 아가씨도 속일 수 있을지도 모른다고 기대했는데.

"시다 씨가 말을 건 것도 본인과 같은 버릇, 다 읽은 책등에 동그라미 표시를 하는 버릇을 가졌기 때문이 아닌가요? 그래서 이야기를 나눠보니 비슷한 처지라는 걸 알았고요. ……아닌가요?"

"……맞아."

나는 백기를 들었다. 하나 더 덧붙이자면, 나는 젊었을 적 부모를 잃었다. 만일 아버지가 살아계셨다면 그 양반과 비슷한 모습이 아닐까 하는 생각도 있었다.

"저희 가게에 있었던 《월간 호쇼》 앞에서 두 분이 나누신 진짜 대화는 뭐였죠?"

"자네 책이냐고 물어서 그런 것 같다고 대답했어. 내가 아가씨와 할 얘기가 있다는 걸 알고 자리를 비켜주더군."

그때 얼마나 놀랐는지 말로는 표현할 수 없다. 지금 생각해도 태연하게 이야기를 나눈 게 신기했다.

"아내가 판 줄은 알았어. 뭔가 의미가 있을 테니 펼쳐보고 싶었지만 세트라서 비닐 포장이 되어있었어. 부탁할까 싶었지만 아가씨와 고우라가 알아챌까 마음에 걸리더군. 집사람과 관련되었으면 어쩌지, 고민 끝에 그 양반에게 부탁해 《월간 호쇼》의 소유자인 척해달라고 했어."

"그분은 시다 씨의 사정을 아시는군요."

"대충. 계속 우기면 순순히 그 양반을 만나게 할 작정이었어. 그리고 그 잡지를 사려고 했던 거지, 전 주인은 아니라고 말해달라고 부탁하려고 했지. 그게 사실이니까……. 그럼 오해도 풀고 내 정체도 밝히지 않으면서 마무리할 수 있을 거라 생각했어."

이런 잔꾀에 넘어갈 상대가 아니었다. 순순히 보여줬으면 일이 이렇게 되지는 않았을지도 모른다.

"이제 어쩔 건가? 다미코에게 내가 어디 있는지 알려줄 텐가?"

"그렇게까지 할 생각은……. 미야우치 씨가 그런 건 바라지 않으셨고요. 그래도 아내 분에게 연락이라도 해주세요."

"이제 와서 연락하면 뭐가 달라지는데."

"말씀하셔야 해요. 그때 무슨 일이 있었는지, 전 부인에게 돈을 빌려줬을 때의 일도…… 뭔가 사정이 있으셨던 거잖아요."

느닷없이 고야마 기요시의 그 구절이 머릿속에 떠올랐다. '나는 내 과거를 돌아보며 사랑했던 이에 대해 조금씩 이야기하려 한다.' 내 경우에는 조금씩 이야기해서는 끝이

나지 않을 테지만. 애당초 그때나 지금이나 내가 사랑했던 여자는 전처가 아니었다.

3년 전, 전처가 연락을 해와 병원 침대에 누워있는 어린애 사진을 보여줬다. 이혼 후에 태어난 내 아들이라고 했다. 위중한 심장병을 앓고 있어서, 외국에서 수술을 받으려고 차례를 기다리는 중이라고. 그런데 갑자기 차례가 돌아와서 재산을 처분할 시간이 없다, 이자까지 쳐서 갚을 테니 한 달만 5천만 엔을 빌려달라고 했다.

지금 돌아보면 어처구니없는 이야기였지만, 나는 그 말을 곧이곧대로 믿고 회사 계좌에서 돈을 빼냈다. 나와 다미코 사이에는 아이가 없었던 까닭에 줄곧 자식에 대한 간절함을 마음에 품고 있었기 때문이었다. 한마디로 빈틈이 있었던 것이다.

"말한들 뭐가 달라지겠어……. 다시 시작할 수 있는 것도 아닌데."

물론 전처의 이야기는 모두 거짓이었고, 사기 전과가 있는 애인은 있었지만 아들은 처음부터 존재하지 않았다. 전처는 애인과 자취를 감췄고, 큰돈을 날린 공포를 견디다 못한 나도 도망쳤다.

물론 다미코에게 모두 털어놓고 피해를 입힌 사람들에게 무릎 꿇고 사죄해야 했으나, 결국 나는 그러지 못했다. 지난 3년 동안 정해진 거처도 없는 힘겨운 생활에 만족하며 과거에 저지른 일과 정면으로 마주하지 못했다.

전처가 지금 어떻게 사는지는 모른다. 남을 등쳐먹은 그 여자는 다시 보고 싶지 않지만, 회사 돈에 손댄 내가 누구를 탓하겠는가.

모두가 병아리라도 키워 팔아 조용히 하루하루를 보낼 수 있다면 좋을 텐데.

"……'실패해도 다시 시작할 수 있다.' 말은 쉽지만, 실상 한번 실패한 뒤에 다시 시작하는 게 얼마나 어려운지, 직접 겪은 사람이 아니면 몰라. 그렇게 한번 도망쳐버리면 대부분의 일들은 돌이킬 수 없게 되지……."

시노카와 시오리코는 말없이 듣고 있었다. 다시 시작할 수 있다고 위로하지 않는 건 그게 쉬운 일이 아님을 알고 있는 까닭이리라. 이 아가씨 역시 어머니에게 버림받은 과거를 가지고 있으니까.

하지만 이런 식으로 비겁한 변명이나 늘어놓는 놈을 앞으로 어떻게 대할지는 쉽게 상상할 수 있었다. 3년이나 지켜봐서인지 자식뻘인 이 아가씨에게도 나름대로 정이 들었다. 경멸당하고 싶지는 않았다.

나는 한숨을 내쉬었다.

"알았어, 생각해보지. ……할 말은 끝났나?"

"실은 하나 더 부탁드릴 게 있어요."

"뭔데?"

"어머니에게 연락해서 전해주세요. 만나고 싶다고."

잠시 말을 잇지 못했다.

설마 그것도 알고 있었나?

"내가 지에코 씨하고 연락을 취하는 것도 알고 있었군."

은인의 딸은 고개를 끄덕였다.

"올해 들어서 그런 게 아닌가 하는 생각이 들었는데……. 역시 그랬군요."

"왜 지금까지 아무 말도 안 했지?"

"……제가 어머니를 찾을 일이 있을 때 이용해야겠다고 생각했어요. 전 어머니 연락처를 모르니까요."

씁쓸한 웃음이 새어나왔다.

이런 풋내기 어린애한테 보기 좋게 이용당했군. 엄마나 딸이나 보통내기가 아니야.

"다나카 도시오의 재판을 방청했다는 이야기를 들어서 가봤지만 만나지 못했어요. 지금은 어머니와 교유했던 고객들을 찾아보고 있는데…… 시다 씨라면 아실지도 모른다고 생각했어요."

"도와주고 싶지만, 실은 고우라도 알고 있어. 나와 지에코 씨와의 관계를."

"다이스케 씨가……."

놀란 듯 중얼거렸다. 몰랐던 모양이었다.

"그 녀석도 보기만큼 둔하지는 않아. 들통이 났으니 이제 이런 일은 그만하겠다고 지에코 씨에게 말했더니 그 뒤로는 연락이 뚝 끊겼어."

지에코 씨와 연락하는 데 썼던 건 인터넷 비공개 채팅방이었다. 피시방에 갈 때마다 한 번씩 들여다봤지만, 그녀가 접속한 흔적은 없었다.

"그렇게 중요한 일이야?"

"네. 다이스케 씨 일로……."

"그러고 보니 '좋아하니까요!' 라고 했지."

"그, 그건…… 그거 말고 다른 볼일도 있고……."

얼굴은 물론 손까지 새빨개졌다. 지금까지의 냉정한 모습은 온데간데없이 사라졌다. 나는 이런 모습이 더 정감 갔다.

"고우라하고 사귀어도 되는지 엄마 허락을 받으려고?"

"아, 아니에요!"

말이 끝나기가 무섭게 언성을 높였다.

"그런 건 제가 알아서 해요. 벌써 마음은 정했고요. 하지만…… 지금 저에게는 필요해요. 어머니와 만나는 게."

나는 도통 이해할 수 없었다. 어쨌든 결론은 달라지지 않는다.

“좌우지간 다른 데 알아봐. 도와주지 못해서 미안.”

이번에 내 이야기를 다미코에게 귀띔한 건 아마 지에코 씨이리라.

왜 하필 이 시점에 고서점에서 나를 봤다는 사람이 나타났을까? 쓸모없어진 꼭두각시를 처분하려는 걸까?

정말 변덕스러운 사람이다.

그렇다면 나 역시 변덕 좀 부려도 되겠지.

“아마 지금은 다른 누군가에게 아가씨 이야기를 듣고 있을 거야. 나 같은 녀석이 주변에 있을 테니, 녀석을 찾아봐.”

한동안 생각하더니, 시노카와 시오리코는 나에게 책을 돌려줬다.

“감사합니다.”

그리고 발길을 돌려 온 길을 되돌아갔다.

인도 너머로 그녀의 모습이 사라진 뒤로도 나는 강가에 우두커니 서있었다.

“내 과거를 되돌아보며, 라……”

그 《월간 호쇼》를 읽고 다미코가 지금 어디 사는지 금방 알았다. 전화번호도 옛날 그대로이리라. 이 근처 편의점에는 이제는 골동품이 되어버린 공중전화가 있다. 마침 주머니에 잔돈도 있었다.

내가 과거를 이야기하면 다미코는 정말 끝까지 들어줄까. 이야기를 듣고도 침착할 수 있을까.

벌써 3년이나 서로 목소리를 듣지 못했다. 나도 나이를 먹었지만, 다미코는 더욱 그렇게 느끼겠지.

저번에도 누군가에게 이런 이야기를 했던 것 같다. 젊은 놈들하고는 달리 우리 같은 늙은이들에게 시간은 충분치 않다. 좋아했다, 헤어졌다, 울고 웃을 시간이.

무거운 걸음을 떼어 느릿느릿 경사를 올라갔다.

전화를 걸지, 걸지 않을지 아직 마음을 정하지 못했다. 편의점까지 가면서 생각해야겠다.

手塚治虫『ブラック・ジャック』――秋田書店

02

블랙잭

데즈카 오사무

아키타쇼텐

데즈카 오사무 | 手塚治虫, 1928~1989

일본의 만화가, 애니메이터, 애니메이션 감독. 의학박사이기도 하다. 전후 일본 스토리 만화의 일인자로 평가받으며 '만화의 신' 이라는 별명이 있다. 1946년 4컷만화로 데뷔한 이래 소년만화에서 소녀만화, 청년만화에 이르기까지 폭넓은 만화 작품을 발표하고, 자신의 만화를 애니메이션으로 만들기도 했다. 지금도 일본 만화계에 지대한 영향을 미치고 있으며 작품의 미디어믹스와 리메이크도 끊이지 않는다.

1

고서업계에서는 폐기하는 책을 '폐서'라고 부른다고 한다. 얼마 전에 알게 된 사실이다. 어원이 뭔지는 모르겠다.

황금연휴 마지막 날, 나는 커다란 박스에 커버가 없는 폐서 문고본을 하나씩 넣고 있었다. 비슷한 박스가 계산대 안에도 쌓여있었다.

날은 이미 저물었고, 영업시간은 이미 끝난 지 오래였다. 요즘 매입 건이 많아진 통에 정리 속도가 따라가지 못해서, 영업이 끝난 뒤에도 이렇게 남아 일을 하게 되었다.

3월 11일로부터 벌써 두 달이 지났다. 대부분의 뉴스는 지진에 관련된 내용이었고, 원전 사고는 아직 수습되지 않았다. 지역 축제도 거의 중지되었다.

이런 분위기 속에서도 황금연휴를 맞이해 나들이에 나선 사람이 많아서 기타가마쿠라는 꽤 북적였다. 어제 저녁에는 출장 매입을 갔는데, 돌아오는 길에 차가 꽤 막혔다.

지금 시오리코 씨는 봉고차 안에서 어제 매입한 책을 정리하고 있었다. 평소에는 가게 안에서 하는 작업이지만, 다른 손님이 가져온 책들로 발 디딜 곳도 없었다. 하는 수 없이 나뉘어 작업을 하게 되었다. 지금 하는 일을 마무리하면 안채에서 저녁을 먹기로 했다.

우리 관계는 겉보기에 예전과 다를 바 없었다. 여전히 고백의 답을 듣지 못했지만, 5월 말이라는 기한까지 앞으로 3주가 남아있었다.

솔직히 그때까지 기다려도 상관없다는 생각이 들고 있었다. 반가운 대답이면 몰라도, 그렇지 않은 대답이 돌아올 가능성도 있기 때문이다.

'되도록 매사 좋은 쪽으로 생각하렴, 하지만 나쁜 쪽으로 빠졌을 경우에 대비해둬야 해.'

돌아가신 외할머니의 가르침이다. 마음의 준비를 할 시간도 필요했다.

시오리코 씨의 지시대로 책장에 진열할 물건과 일단 창고에 넣어둘 물건, 그리고 폐기처분할 물건으로 분류를 끝냈다. 이제 옮기기만 하면 오늘 일은 끝이다.

한숨 돌리고 기지개를 폈을 때, 유리문이 열렸다. 정장을 갖춰 입은 작은 체구의 마른 여자가 들어왔다. 절도 있는 동작을 보니 운동이나 무술을 했던 것 같았고, 나이는 시오리코 씨 또래였다.

찰랑거리는 짧은 머리가 잘 어울리는 미인이었지만, 앙다문 입과 강렬한 눈빛이 인상적이었다. 지금 그녀의 시선은 내 미간에 꽂혀있었다. 왠지 맹금류를 연상시키는 사람이었다. 눈매 사납기로는 나도 남 말할 처지가 아니지만.

"죄송하지만 영업시간 끝났……."

"고우라 다이스케 씨?"

갑자기 이름을 불린 나는 당황했다. 분명 처음 만난 여자인데. 만났다면 잊지 못할 얼굴이었다. 내가 아는 누군가와 닮은 것 같기도 했다.

"네, 그런데요."

"그쪽이…… 그렇구나."

여자는 노골적으로 나를 훑어보며 말했다.

대체 뭐야?

"어떻게 오셨습니까?"

"난 다키노 류라고 해요. 만나서 반가워요. 책벌레 친구하고 못난 오빠 때문에 고생 많으세요."

그녀는 태연하게 말하며 고개를 숙였다. 말과는 달리 태도는 정중하기 그지없었다. 영업 쪽 일을 하는지도 모르겠다.

다키노 류라는 이름은 지금까지 여러 번 들었다. 시오리코 씨와 중학생 때부터 친하게 지낸 친구이자, 다키노북스의 다키노 렌조의 동생이다. 자세히 보니 코나 윤곽이 오빠와 닮았다.

"처음 뵙겠습니다. 고우라 다이스케입니다."

"알아요."

그야 그런 것 같은데, 나에 대해서 누구에게 어떤 이야기를 들은 거지?

그녀는 계산대에 손을 올려놓더니 폴짝 뛰어 책 더미 안쪽을 들여다보았다.

"아, 없네요. 그 왕가슴 안경 어디 갔어요?"

친구한테 왕가슴 안경이라니.

시오리코 씨와는 성격이 딴판인 것 같다.

안채와 이어진 문을 열고 지팡이를 짚은 시오리코 씨가 나왔다. 많이 피곤한지 안경도 내려갔고 어깨도 축 처졌다. 친구를 보고 눈을 깜빡였다.

"어머, 류. 가게엔 어쩐 일로……. 퇴근하는 길이야?"

"응."

다키노 류는 팔짱을 끼고 시오리코 씨를 머리부터 발끝까지 훑어보았다. 아까 나를 보았을 때보다 훨씬 날카로운 눈빛이었다. 시오리코 씨는 여느 때처럼 민무늬 블라우스와 플리츠 롱스커트 차림에 앞치마를 두르고 있었다. 다키노 류는 땅이 꺼져라 한숨을 쉬었다.

"옷은 그렇다 쳐. 그쪽은 이미 포기했으니까. 그래도 민낯이 뭐니?"

시오리코 씨는 화들짝 놀라 입을 가렸다. 다키노 류는 화장도 꼼꼼하게 하고 너무 튀지 않는 디자인의 귀걸이와 팔찌를 착용하고 있었다. 차림새에 신경을 쓰는 사람 같았다.

"우리가 중학생이야? 내일 모레면 서른이라고. 꾸미지 않은 본모습이 가장 예쁘다는 수녀님 말을 곧이곧대로 믿었던 시절은 이미 오래 전에 지났다고. 알겠어? 최소한 립스틱이라도 발라. 장사하는 애가."

"귀, 귀찮아서……."

솔직한 대답에 다키노 류는 어처구니없다는 듯 천장을 올려다보았다.

"어린애야? 그렇게 꾸미는 걸 게을리 하다가는 정말 돌이킬 수 없게 된다고. ……데이트했을 때 제법 봐줄만 했죠? 다 내가 꾸민 거예요."

다키노 류는 느닷없이 나에게 물었다.

"아, 네, 예뻤어요."

새삼스레 말로 하니 쑥스러웠다. 시오리코 씨도 얼굴을 붉히며 고개를 숙였다. 다키노 류는 어째서인지 벌레 씹은 표정으로 손뼉을 쳤다.

"저기요, 그런 숙맥 흉내는 저 없는 데서 하세요. 어쨌든 지금 넌 보석 원석을 가지고도 썩히는 거나 마찬가지라고. 하지만 갈고 닦으면 봐줄 만하니까, 남들에게 예쁘게 보이고 싶으면 신경 좀 써."

친구라기보다는 언니의 잔소리였지만, 시오리코 씨는 진지한 표정으로 고개를 끄덕였다. 평소에도 둘 사이는 이런 느낌인 모양이었다.

"……저기, 오늘은 웬일이야?"

"시오리코 씨가 조심스레 물었다.

"맞다, 깜빡할 뻔했네. 시오리코하고 고우라 씨에게 부탁할 일이 있어요."

"저도요?"

다시 확인하자 다키노 류는 고개를 끄덕였다.

"네. 책에 관련된 일이라서."

"책?"

시오리코 씨도 차분한 목소리로 되물었다. 책이라는 말을 듣자마자 호기심이 생긴 모양이었다.

"그런 쪽 일이 들어오면 고우라 씨도 같이 돕는다면서. 그쪽이 없으면 시오리코는 선뜻 나서지 않으니까요."

"네……?"

예전에 다키노 렌조에게서도 비슷한 이야기를 들었다. 내가 이곳에서 일하기 전에는 이런 유의 의뢰를 받지 않았다고 했다.

"……네가 나한테 이런 부탁한 적 없었잖아."

"아, 그러고 보니 한 번도 없었나."

그냥 넘겨짚기였던 모양이다. 하지만 시오리코 씨는 혼자서도 의뢰를 받겠다는 말은 하지 않았다. 다키노 류의 발언을 부정하려 하지 않았다.

"그래서 부탁할 일이라는 게 뭔데?"

"서클 후배…… 아, 네 후배도 되겠구나. 세이오 출신이고 지금 대학 2학년인 앤데, 학교는 너처럼 기독교계 학교고."

세이오 여학원은 중학교, 고등학교가 한 재단인 유서 깊은 가톨릭 계열 여학교다. 오후나 역 근처의 산에 학교가 있다.

"학생 때 만난 적은 없지만, 선후배 모임에서 만났어. 집이 가까우니 같은 전철을 탄 적도 종종 있어서 점점 친해졌지. 요즘 그 후배 아버님이 소장하던 책이 몇 권 사라졌대."

“도둑맞은 거야?”

시오리코 씨가 물었다.

“뭔가 사정이 있는 모양이라 나도 자세히 묻지는 않았어. 어쨌든 책을 잘 아는 사람의 도움이 필요한 모양이야. 고서점 딸이지만 가게 일도 안 돕고, 책도 잘 모르니까. 생각나는 사람이 너밖에 없어서.”

“다키노 씨…… 오빠 분한테 물어보면 되지 않습니까?”

내가 물었다. 다키노라면 책에 관한 지식은 충분했다. 동생 부탁이라면 기꺼이 들어줄 텐데.

“그게, 오빠는 좀…….”

다키노 류는 인상을 찌푸리며 고개와 손을 동시에 내저었다. 그러고 보니 아까 ‘못난 오빠’라고 했지. 가엾게도 동생에게 믿음을 얻지 못한 건지도 모른다.

“알았어……. 내가 도울 수 있는 일이라면.”

시오리코 씨는 그렇게 대답했다. 사라진 책을 찾는 일이라면 예전에도 해본 적이 있었다. 시다가 소장한 고야마 기요시의 절판된 문고본과 미야자와 겐지의 귀한 초판본.

이번에는 어떤 책일까?

“없어진 책이 뭔데요?”

“『블랙잭』. 단행본 몇 권이 없어졌대.”

2

의뢰인과 만난 건 사흘 뒤 저녁이었다. 우리가 쌓인 일거리를 처리하는 데 시간이 걸렸기 때문이다.

상대가 약속 장소를 다키노북스로 지정해서, 전철을 타고 고난다이로 향했다.

"『블랙잭』이라면 만화 맞죠?"

환승역인 오후나에서 열차를 기다리는 동안 시오리코 씨에게 물었다.

나는 오랜 시간 활자를 읽지 못했지만 그래도 만화책은 조금이나마 읽었다. 얼굴에 흉터가 있는 천재 무면허 의사가 다양한 환자들을 수술하는 내용이었다. 친구 집에 있던 만화책을 훑어본 정도였으나, 옛날 만화치고는 권수가 꽤 많았던 것으로 기억한다.

"네. 1970년대에 《주간 소년챔피언》에서 연재된 작품이에요. 성인 의사가 주인공에 1화 완결이라는, 소년지에서는 이색적인 형태였어요. 처음에는 3화나 5화 정도로 완결할 예정이었다고 해요. 연재 예고도 조용히 지나갔고, 첫 화는 권두 컬러도 아니었어요."

여전히 책 이야기만 나오면 청산유수였다. 참고로 오늘

은 옅은 핑크색 립스틱을 발랐다. 그뿐인데도 평소보다 예뻐 보였다.

"작가가 데즈카 오사무네요. 유명한 만화 아닌가요?"

만화의 신이라고 불린 작가인데, 연재 초기에는 그다지 주목받지 못한 게 의아했다.

"맞아요……. 하지만 당시 데즈카 오사무의 인기는 떨어지고 있었어요."

나는 눈을 동그랗게 떴다.

"정말요?"

"네. 데즈카 오사무는 『우주소년 아톰』, 『밀림의 왕자 레오』, 『리본의 기사』 등을 그린, 전후 스토리 만화의 기반을 닦은 천재였어요. 하지만 이 시기에는 상황이 좋지 않았어요. 경영하던 애니메이션 프로덕션이 도산했고, 연재하던 작품도 차례로 중단됐거든요. 원고료도 당시 만화가 중에서는 'B급' 이었다고 해요.

그런 시기였기 때문에 연재 전에는 『블랙잭』도 주목을 받지는 못했어요. 그래도 조금씩 인기가 올라가 연재가 길어졌고…… 이내 새로운 팬층을 모으는 작품이 되었죠. 이 작품이 존재하지 않았다면 데즈카 오사무라는 작가에 대한 후대의 평가도 꽤 달라졌을지도 몰라요."

데즈카 오사무의 인기에 부침이 있었다는 이야기는 처음

들었다.

생각해보면 아무 문제도 없이, 고생 없이 활약할 수 있는 창작자가 얼마나 있겠나 싶었다. 끊임없이 변화하는 시대 속에서 어떤 천재도 슬럼프를 피해갈 수는 없겠지.

“『블랙잭』은 가장 폭넓은 독자층에게 사랑받는, 데즈카의 대표작 중 하나에요. 만화 특유의 픽션이 섞이기는 했지만 의료라는 전문 분야를 소재로 한 소년 대상 작품은 그때까지 일본 만화사에서 찾아볼 수 없었거든요.”

“얼마나 연재됐습니까?”

“1973년 11월부터 1978년 9월까지 약 5년 동안요. 하지만 그 뒤에도 부정기적으로 작품을 발표했어요. 그 기간까지 포함하면 총 10년에 걸쳐 그렸죠. 그 다음에 《소년챔피언》에서 연재된 『미드나이트』에서도 블랙잭이 등장해 중요한 역을 담당해요.”

그때 파란 선이 들어간 열차가 도착해 우리는 열차에 탔다. 오후나 역에서 출발하는 열차라 출발하기까지 시간이 조금 걸렸다. 텅 빈 좌석에 앉은 시오리코 씨는 이야기를 계속했다.

“『블랙잭』만 해도 2백 편 이상인데, 이 시기의 작품은 이게 다가 아니에요. 데즈카가 창작자로서 가지고 있는 특성 중 하나는 초인적인 작업량이었어요.”

"그 밖에도 어떤 일을 했습니까?"

"『블랙잭』을 연재하면서 1974년에는 《주간 소년매거진》에 『삼목동자』 연재를 시작했고, 이 작품도 인기를 얻었어요. 또 석가모니의 생애를 그린 『붓다』 연재도 병행하고 있었고, 그 밖에도 『불새』 망향편, 메이지 초기의 홋카이도를 무대로 한 『슈마리』, 몇 년 전에 영화와 드라마로 만들어진 피카레스크 로망 『MW』 등…… 많은 작품을 동시에 그리고 있었죠."

듣기만 해도 머리가 복잡해졌다. 나도 들어본 작품이 몇 있었다.

"데즈카는 항상 여러 개의 연재를 동시 진행하며 새로운 작품을 계속 발표했어요. 위암으로 세상을 떠나기 직전에도 세 작품을 연재하고 있었죠. 일종의 워커홀릭이었던 거죠. 고단샤에서 나온 《데즈카 오사무 만화전집》은 4백 권이 넘는데도 미수록 작품이 많이 남아있어요."

시오리코 씨는 거기까지 말하고 한숨을 돌렸다. 어느새 열차가 움직이고 있었다. 아직도 할 이야기가 많이 남았다는 건 반짝이는 눈동자를 보면 알 수 있었다.

"데즈카 오사무 만화를 잘 아시네요."

나는 아무 생각 없이 그렇게 말했다. 정말 모르는 게 없는 사람이다.

하지만 그녀의 표정은 썩 밝지 않았다.

"이게 잘 아는 건가요? 전집을 한 번 읽기는 했지만, 그 밖에는 좋아하는 작품을 모으는 정도라……."

"저기, 그게 잘 아는 거 아닌가요?"

전집만 해도 4백 권이나 된다고 하지 않았나.

"창작자로서의 모습을 알기에는 부족하다는 뜻이에요. 데즈카 작품은 한 종류의 단행본만 봐서는 제대로 이해할 수 없는 부분이 많거든요."

그게 무슨 소리지?

다음 질문을 하기 전에 열차는 고난다이 역 승강장에 도착했다.

다키노북스는 고난다이 역 근처의 5층 건물 1층에 있었다. 생각해보면 가게를 찾은 건 처음이다.

벌써 날이 저물어 간판에도 불이 들어와있었다. 비블리아 고서당과 달리 늦게까지 영업하는 모양이다.

자동문을 지나 안으로 들어서자 비블리아보다 훨씬 넓고 밝은 가게의 모습이 보였다. 상호는 '다키노북스' 지만 상품 절반은 게임 소프트와 DVD였고, 따로 관리되는 듯한 한쪽 코너에는 미성년자 접근 금지 표시도 붙어있었다. 고서점에서는 드문 광경도 아니지만, 성인 DVD도 취급하는 것이다.

활자로 된 전문서는 얼마 없어도 중고 만화 코너가 잘 꾸며져있었다. 사장의 취향일지도 모른다.

"렌조 씨."

진열장 속 게임 캐릭터 피규어의 포즈를 바꾸던 다키노 렌조는 시오리코 씨의 목소리에 돌아보았다.

"왔어? 동생은 윗층에 있어. 201호로 가봐."

그는 그렇게만 말하고 하던 일을 계속했다.

"피규어도 취급하나 보죠?"

내 질문에도 다키노는 손을 멈추지 않았다.

"이건 내 개인 소장품인데 디스플레이에 쓰는 거야. 원래는 피규어 매매도 했는데, 일손이 부족해서."

그는 아쉬운 듯 고개를 저었다. 바빠 보여서 우리는 바로 가게를 나와 맨션 2층으로 올라갔다. 201호의 인터폰을 누르고 잠시 기다렸다.

"집도 같은 건물에 얻었나 봐요?"

나는 시오리코 씨에게 슬쩍 물었다.

"아뇨. 이 맨션은 다키노 아저씨…… 렌조 씨의 아버님 건물이에요. 이곳은 사무실 겸 창고로 쓰고, 옆집이 집이에요."

건물 주인이라는 건가. 부업으로 맨션을 경영하다니. 아니, 맨션 경영이 본업이고 고서점 경영이 부업일지도 모른다.

문을 열고 정장 차림의 다키노 류가 나타났다. 지금 막 퇴근한 참인지, 아직 겉옷도 벗지 않았다.

"들어와. 의뢰인은 벌써 도착했어."

우리는 끈으로 묶어둔 만화 더미와 게임 소프트 박스가 쌓인 복도를 지나 사무실로 쓰는 거실 안으로 들어갔다.

도트 원피스에 카디건을 걸친 젊은 여자가 테이블 앞에 앉아있었다. 통통한 뺨과 짧은 머리 때문인지 들은 나이보다 어려 보였다. 우리를 보고 의자에서 일어나 어색하게 인사를 건넸다.

"처음 뵙겠습니다. 마카베 나나코라고 해요. 잘 부탁드립니다."

"아, 안녕하세요……. 잘 부탁드립니다. 시노카와라고 해요."

시오리코 씨가 연상인데도 훨씬 어쩔 줄 몰라 했다.

"이쪽이 내 친구 시노카와 시오리코. 다른 일은 몰라도 책에 관련된 일이라면 전문가니까 안심해. 그 옆에 있는 덩치는 고우라 다이스케 씨. 비블리아 고서당에서 아르바이트를 하는데, 시오리코의 조수 같은 사람이야."

당황한 표정의 마카베 나나코에게 다키노 류는 차근차근

우리를 소개했다.

우리는 거실 테이블을 에워싸고 앉았다. 의뢰하는 쪽도, 의뢰를 받는 쪽도 모두 긴장한 듯 좀처럼 말문을 열지 않았다.

하는 수 없이 내가 나섰다.

"아버님의 『블랙잭』 단행본이 없어졌다고 들었습니다."

"네. 연휴였던 지난주에 아버지 방을 청소하다 『블랙잭』이 꽂힌 책장에 두세 권 빈 곳이 있는 걸 발견했어요. 전에는 분명 같은 권이 거기 있었는데."

질문에는 또박또박 대답해주는 사람이었다.

"같은 권이라면…… 중복된 권이라는 건가요?"

잠시 생각하더니 마카베는 고개를 끄덕였다.

"중복된 게 두 권쯤 없어졌어요."

같은 권을 두 권씩 샀다니. 예비로 사둔 것일까?

"『블랙잭』은 아버지가 중학생 때 전권 구입했다고 들었어요. 추억이 깃든 만화라 무엇보다 소중한 책이라고 자주 말씀하셨죠. 지금 해외 출장 중이신데, 다음 주에 돌아오세요. 그때까지 찾고 싶어요."

"누가 가져갔단 겁니까?"

마카베는 어두운 표정으로 시선을 떨어뜨렸다.

"……네."

짐작이 가는 데가 있는 모양이었다. 경찰이 아니라 선배에게 의논한 것도 일을 너무 크게 만들고 싶지 않아서겠지.

"아버님이 데즈카 오사무의 팬이세요?"

시오리코 씨가 처음으로 입을 열었다. 책 이야기가 나오자 슬슬 시동이 걸린 것 같았다.

"열렬한 팬이세요. 아버지 방 책장을 차지한 건 대부분 데즈카 오사무의 책이거든요. 예전에는 팬클럽에도 가입했었다고 들었어요."

"아버님 연세가 어떻게 되시죠?"

"음, 1968년생이실 거예요."

이유는 모르지만 시오리코 씨는 납득이 간다는 듯 고개를 끄덕였다.

"없어진 책은 일반적인 크기의 만화책이죠……? 저런 형태의."

시오리코 씨는 주변을 둘러보더니 재고인 듯한 만화책 더미를 가리켰다. 점프 만화인 『원피스』가 보였다.

"네. 오래된 책이라 저렇게 새 책은 아니지만요."

"고단샤 전집은 당연히 소장하셨겠네요. 4백 권짜리…… 하얀 책등에 '데즈카 오사무 만화전집'이라 인쇄된 책인데."

"……본 것 같아요. 4백 권인지는 잘 모르겠지만."

"전집이라는 이름이 붙은 건 그뿐인가요? 문고본은 없나요?"

"없었던 것 같아요. 문고본 만화는 거의 없었어요."

"양장본은 있나요? 『아돌프에게 고한다』, 나 『양지의 나무』 같은…… 사륙판인데, 이 정도 크기에요."

시오리코 씨는 두 손으로 네모를 만들었다. 의뢰인은 잠시 생각에 잠겼다.

"있었던 것 같아요……. 네, 있었어요."

"『블랙잭』 양장본은 있나요? 그리고 《주간 소년챔피언》 과월호는요? OVA 한정판 박스는요?"

시오리코 씨는 딴 사람처럼 쉴 새 없이 말했다. 완전히 발동이 걸린 모양이었다.

"그런 건 없었던 것 같아요. 저기……?"

의뢰인은 당황한 기색이 역력했다. 그럴 법도 했다. 책을 도둑맞은 상황이나 용의자에 대해서는 하나도 묻지 않고, 장서의 내용에 대해서만 물으니 말이다.

"네……, 알겠네요."

"뭘 알겠다는 거야? 난 하나도 모르겠는데."

다키노 류가 기다렸다는 듯 끼어들었다. 나 역시 그랬고, 마카베 나나코 역시 같은 심정이리라.

"잠깐만. 나중에 설명할게. 마카베 씨."

시오리코 씨는 의뢰인의 두 눈을 뚫어져라 바라보았다.

"문고본 만화는 거의 없다고 하셨죠. 하지만 아버님은 『블랙잭』 문고판 단행본을 여러 권 구입하지 않으셨나요? 그렇지 않으면 편의점에서만 판매하는 저렴한 『블랙잭』 앤솔로지를 소장하고 계셨을지도 몰라요."

잠깐의 침묵 뒤에 마카베 나나코는 눈을 휘둥그레 떴다.

"……그러고 보니 『블랙잭』 문고본이 몇 권 있었어요. 낡은 단행본과 같이 꽂혀있었던 것 같아요."

"그렇군요, 역시……. 혹시 없어진 『블랙잭』이 4권 아닌가요? 소년챔피언 코믹스에서 나온."

"어떻게 아셨어요? 아직 그 얘기는 안 했는데."

마카베는 놀란 듯 소리쳤다. 나도 어찌된 일인지 도통 감을 잡을 수가 없었다. 시오리코 씨가 책에 관한 수수께끼를 푸는 모습을 누구보다 많이 봐왔는데 말이다.

"이걸…… 어디서부터 설명해야 할지."

시오리코 씨는 잠시 생각한 끝에 친구를 보며 말했다.

"류. 가게에 『블랙잭』 단행본 재고 있을까? 한 권만 있으면 되는데, 가급적 많은 판본이 있었으면 좋겠어."

"잠깐만, 오빠한테 물어볼게."

다키노 류는 일어나 거실로 나갔다.

3

다키노 류가 나가자 시오리코 씨는 다시 마카베 나나코를 보며 말했다.

"책을 가져간 사람이 누군지 아시는군요?"

의뢰인은 헛기침을 하려는 듯 목을 움찔거렸다.

"……아마 제 동생일 거예요. 엄마는 5년 전에 암으로 돌아가셔서 집에 있는 건 동생하고 저뿐이거든요. 누가 드나든 흔적도 없었고요."

"동생 분과는 이야기해보셨나요?"

"네. 아니라고 부정은 하지 않더군요. 어디다 감춰놓았을 거예요. 제가 물었더니 코웃음을 치며 '그게 어떤 책인지 모르는 누나한테는 말해도 소용없다' 고 하더군요."

그렇게 된 일이었군.

이제야 이해가 갔다. 그래서 책에 대해 잘 아는 다키노북스의 딸에게 도움을 요청한 거구나.

"감춰놓았다면, 그 이유는 짐작이 가시나요?"

마카베 나나코는 입술을 깨물었다. 대답이 돌아오기까지 잠시 시간이 걸렸다.

"동생은 지금 고등학교 1학년인데, 입시 때 몸이 아파서 원래 지망했던 학교에 떨어지고 다른 학교에 추가로 간신히 붙었어요. 충격이 컸는지 학교생활에 잘 적응하지 못해서…… 등교를 거부하고 있어요. 그래서 아버지와도 사이가 좋지 않고요."

분명 그런 학생은 어느 학교에나 한 명은 있을 것이다. 내가 고등학생이었을 때에도, 개학날 한 번 본 뒤로 아무와도 말을 섞지 않고 교실에서 사라진 친구가 있었다.

"아버지는 신야를…… 아, 동생 이름이에요. 동생을 방으로 부르셔서 꽤 엄하게 꾸짖으셨어요. 무슨 말씀을 하셨는지는 모르지만, 오히려 역효과였던 모양이에요. 그때부터 집에 틀어박혀서 저하고도 통 말을 안 해요. ……이번 일도 분명 그게 원인일 거예요."

요컨대 아버지에 대한 반항인가. 소중히 여기던 만화책이 사라졌으니 마니아라면 당연히 화가 나겠지.

하지만 두 권만 없어졌다는 점이 뭔가 이상했다. 왜 전부 가져가지 않은 거지?

"아버지가 귀국하시기 전에 책을 되찾고 싶으신 거군요. 부자 사이가 더 틀어지지 않도록."

"……맞아요."

마카베는 힘없이 고개를 끄덕였다. 아버지와 동생 틈에 끼어 고민이 많은 모양이었다.

현관문을 열고 다키노 류가 들어왔다. 그녀는 가져온 책을 테이블에 내려놓았다.

"가져왔어. 일단 전부 한 권씩. 이거면 돼?"

신서 사이즈의 코믹스 두 권, 사륙판 양장본 한 권, 나머지 한 권은 문고본 사이즈였다. 시오리코 씨의 입가에 웃음이 번졌다.

"고마워. 역시 없는 게 없네."

이렇게 종류가 많을 줄은 몰랐다. 이번 일과 이 책들이 무슨 관련이 있는 걸까? 일부러 갖다달라고 한 걸 보면 뭔가 의미가 있을 텐데.

'어?'

나는 고개를 갸웃거렸다. 옛날에 친구네 집에서 읽었던 단행본이 보이지 않았다.

"이 외에 다른 『블랙잭』 단행본은 없습니까? 청년만화와 같은 사이즈에 검은 바탕에 하얀 제목인데……."

"고단샤의 《데즈카 오사무 전집》 판 말인가요? 전집에는 물론 수록되었지만, 여기 있는 건 순수한 『블랙잭』 1권만 모은 단행본이에요. 그 밖에도 걸작선이나 앤솔로지까지 포함하면 셀 수 없을 정도로 출판되었죠."

시오리코 씨는 신서 사이즈 단행본의 표지를 가리켰다. 『블랙잭』이라는 제목 밑에 'SHOONEN CHAMPION

COMICS' 라고 인쇄되어있었다. 주인공의 얼굴이 인쇄되어있는 점은 다른 단행본들과 같았지만, 디자인이 옛날 느낌이었다.

"이게 초기에 발행된 소년챔피언 코믹스에요. 1권 초판은 1974년 5월 발행이고, 권수도 25권으로 많았죠. 옛날 만화책치고는 비교적 종이 질도 좋은 편이에요. 마카베 씨 아버님이 소장하신 것도 이 책이죠?"

의뢰인이 책을 들고 살펴봤다. 뒤를 보려고 뒤집은 순간, 표지 밑에 있는 '공포 코믹' 이라는 글자가 눈길을 끌었다.

분명히 수술 장면은 끔찍했지만, 예전에는 공포로 분류되었던 건가.

"맞는 것 같아요. 하지만 좀 다른 점이 있어요. 뒷표지 색깔이……."

마카베는 바코드가 들어간 하얀 뒷표지를 가리켰다.

"책 표지에 바코드가 들어가면서 디자인이 바뀌었어요. 이건 비교적 최근 판이지만, 옛날 판본은 파란색 바탕에 마스코트 캐릭터가 가운데에 찍혀있었을 거예요."

"……그게 아버지의 책이에요. 틀림없어요."

시오리코 씨는 만화책을 받아 들더니 이야기를 계속했다.

"아마 40대 이상의 독자들에게는 이 옛날 판본이 가장 친숙한 단행본일 거예요. 다른 판본을 다시 구입하지 않는 사람도 많다고 들었어요."

그래서 아까 다른 양장본과 문고본을 소장하고 있는지 물은 건가. 시오리코 씨는 소장품의 경향을 통해 소유자의 성격을 파악하려 한 것이리라.

"어? 하지만 문고본도 몇 권 있다면서요."

내가 물었다. 생각해 보니 '몇 권' 있다는 건 이상하다. 문고판 단행본이 갖고 싶었다면 전권 모으면 될 텐데. 왜 몇 권만 구입한 걸까?

"네. 바로 그 점이 중요해요. 이번 일과도 관련이 있는데……."

시오리코 씨는 집게손가락을 세우며 말했다.

"아마 문고본을 구입하신 건 『블랙잭』의…… 아니, 데즈카 오사무 작품 전반에 공통된 사정 때문일 거예요. 순서대로 설명하겠지만, 실은 이 단행본들은 제각기 내용이 미묘하게 달라요."

"모두 같은 만화의 단행본인데도요?"

"그건 그런데…… 1권 목차를 비교해 보면 알기 쉬울 거예요. 처음 나온 챔피언 코믹스 판을 보면……."

시오리코 씨는 우리를 향해 목차를 펼쳤다.

'1화 의사는 어디 있나!', '2화 바다의 이방인', '3화 미유키와 벤', '4화 아나필락시', '5화 귀자모신의 아들'. 전부 여덟 편이었다.

"다음에 나온 건 이 양장본이에요. 1권 초판은 1987년 4월, 『블랙잭』 연재가 끝난 뒤였지만 데즈카는 아직 살아있었어요. 문고판은 양장본을 문고화한 것이라 이 두 종류는 기본적으로 같은 내용이에요."

우리는 시오리코 씨가 펼친 목차 페이지를 들여다보았다.

'의사는 어디 있나!', '꽃샘바람', '기형낭종', '인면창', '때로는 진주처럼', '만남', '그림이 죽었다!', '6등성', '블랙 퀸', 'U-18은 알고 있었다', '개미 다리', '두 사람'. 여기에는 열두 편이 실려있었다.

"아, 목차가 다르네. 난 문고판으로 읽어봤는데, 처음 알았어."

다키노 류도 두 목차를 번갈아 보며 말했다.

"양장본은 베스트 스토리를 수록한 형태라, 실제로 이야기를 발표한 시기는 제각각이야. 1화 완결 형식이라 독자들도 그다지 위화감을 느끼지 못했겠지.

두 목차에서 공통되는 에피소드는 1화인 '의사는 어디 있나!' 인데, 이건 《주간 소년챔피언》에 실린 1화야. 양장본 3화가 '기형낭종' 인 건 아마 주요인물인 조수 피노코가 탄생하는 이야기이기 때문일 거야. 전체 구성을 고려해 앞쪽에 실은 거죠. 참고로 잡지 연재 당시에는 12화였어."

"호오, 피노코가 의외로 늦게 나오네."

"그렇지. 몇 화 만에 끝날 예정이었던 단기 연재가 예상 외로 장기화되는 과정에서 등장한 캐릭터지. 연재 당시 구상에서는 피노코가 없었을지도 몰라."

"그럼 이 챔피언 코믹스의 목차는 잡지에 연재된 순서대로군요."

내가 말했다. 챔피언 코믹스 목차에 '기형낭종'은 없었다. 피노코는 1권에서 등장하지 않는 것 같다.

그런데 시오리코 씨는 고개를 저었다.

"아니라고요? 1권인데요?"

"데즈카 오사무는 생전에 단행본에 실을 작품을 직접 골랐어요. 잡지 연재와 순서를 달리하는 것 정도는 아무것도 아니었죠. 옛날 챔피언 코믹스에도 작가가 취사선택한 흔적이 남아있어요."

시오리코 씨는 또 다른 신서 사이즈 만화책을 집었다. 마찬가지로 표지에는 블랙잭의 상반신이 그려져있었지만, 아까 것과는 디자인이 달랐다. 만화책치고는 페이지 수가 많아 보였다.

"이건 2004년에 나온 신장판 소년 챔피언 코믹스에요. 신장판에는 잡지 연재 순서대로 실려있어요. 얼마 전에 나온 《데즈카 오사무 문고 전집》판도 같은 형식이고요."

이번에는 내가 대신 목차를 펼쳤다.

'1화 의사는 어디 있나!', '2화 바다의 이방인', '3화 미유키와 벤', '4화 아나필락시', '5화 인간 새,' '6화 눈보라 치는 밤에', '7화 해적의 팔', '8화 봉인된 기억', '9화 두 사람의 슈지', '10화 귀자모신의 아들', '11화 나다레', '12화 기형낭종'.

이 책에는 열두 편이 수록되어 있었다. 예전 판본과 비교해보면 5화까지는 같았지만, 그 이후에는 다소 달랐다.

"옛날 판에는 '눈보라 치는 밤에'와 '봉인된 기억'이 없네요. 왜 그런 겁니까?"

"이 두 편은 뒷권에 실렸어요. 하지만 데즈카 오사무 생전에 발행된 단행본에는 아닌 경우도 있었어요."

"이유가 뭡니까?"

내 물음에 시오리코 씨는 말을 이었다.

"먼저 이걸 알아두셔야 해요. 데즈카 오사무는 자기 작품을 계속 수정해온 작가였어요. 단행본이 나올 때마다 문제가 있다고 생각한 부분을 계속 고쳤죠."

"……순서만 바꾼 게 아니고요?"

"그 정도로 끝나지 않았어요. 대사나 그림 수정은 물론, 몇 페이지를 다시 그리는 일도 부지기수였죠. 『불새』 망향편이나 태양편 등, 잡지 연재 당시와 스토리가 대폭 변경된 작품도 드물지 않아요."

“왜 그렇게 고쳐댄 겁니까?”

“원본 원고가 분실되어 어쩔 수 없이 다시 그린 경우나, 도중에 강제 종료된 연재를 나중에 단행본으로 낼 때 보충해 그린 경우 등도 있었지만…… 무엇보다 창작자로서의 마음가짐이 크게 관련되어있겠죠.

데즈카 오사무는 수많은 업적을 남겼지만, 항상 더욱 많은 독자들에게 사랑받고 싶어했고, 어느 시대에든 창작자로서 현역에 있으려 하는 욕구가 무척 강했다고 들었어요. 잡지에 연재된 작품을 단행본으로 출판할 때는 물론이고, 예전 작품을 재판할 경우에도 독자의 기호에 대응할 수 있도록 세심한 주의를 기울였죠. 어느 작품을 단행본에 실을지 택하는 것도 그 일환이었고요.

그런 마음가짐은 훌륭하다고 생각하지만, 하나의 작품에 서로 다른 버전이 여러 개 존재하기 때문에, 좋아하는 작품의 모든 것을 망라하고픈 마니아들에게는 골칫거리였죠.”

거기까지 말하고 시오리코 씨는 한숨을 쉬었다.

그녀 역시 그런 고민을 했던 경험이 있는 것이리라. 그러고 보니, 아까 ‘데즈카 작품은 한 종류의 단행본만 봐서는 제대로 이해할 수 없는 부분이 많다’ 고 했던 건 이런 맥락에서였나?

“물론 『블랙잭』 역시 단행본으로 만들어질 때 대사나 그림 수정이 들어갔지만, 그뿐 아니라 결국 단행본에 실리지 않은 작품도 몇몇 있어요.

여기 있는 단행본에 실린 작품의 종류는 모두 미묘하게 달라요. 한 종류의 단행본만 봐서는 모든 이야기를 망라할 수 없죠. 앞으로 완전판 같은 단행본이 나온다면 이야기는 달라지지만…… 현 시점에서 가능한 한 많은 작품을 읽고 싶다면 다른 종류의 단행본이나 그 작품이 실린 《소년 챔피언》을 입수해 보완하는 수밖에 없어요."

시오리코 씨가 단행본의 종류나 잡지의 소장 여부를 끈질기게 확인한 이유를 그제야 이해했다.

"마카베 씨의 아버님은 옛날 소년 챔피언 코믹스에서는 못 읽었던 작품을 문고 단행본으로 보완한 겁니까?"

"직접 장서를 보지 않았으니 제 억측일 뿐이지만…… 아마 그런 것 같아요."

"그렇다면 문고본까지 합치면 『블랙잭』의 모든 이야기를 읽을 수 있겠군요?"

"아뇨. 그래도 완전하지 않아요. 실리지 않은 작품도 있거든요."

"또 뭐가 있습니까?"

나는 물었다. 아직도 남은 게 있나?

"그에 대해서는 특별한 사정이 있어요. 없어진 4권과도 관련된 이야기인데……."

시오리코 씨의 매끄러운 설명에 우리는 완전히 빠져들었다.

챔피언 코믹스 4권이 도둑맞았다는 걸 어떻게 알아낸 걸까?

이야기의 핵심은 지금부터인 것 같다.

4

"데즈카 오사무가 의사 면허를 가지고 있었다는 건 유명한 이야기지만, 실제로 환자를 진료한 적은 거의 없어요. 의학 지식도 대부분 학생 때 얻은 것으로, 『블랙잭』 연재 시에는 의학서적 등을 참고했다고 해요.

당연히 의학용어 오류나 잘못된 상황 묘사가 나올 수밖에 없었죠. 1976년, 153화인 '어느 감독의 기록'이 로보토미 수술을 정당화한다는 이유로 장애인 단체 등에서 항의를 받았어요."

"로보토미 수술이 뭡니까?"

내가 물었다. 다키노 류나 마카베 나나코도 모르는 눈치였다.

"전두엽백질을 제거함으로써 정신질환을 치료하는 수술

이에요. 제2차 세계대전 직후에 각국에서 실시됐지만, 심각한 부작용을 유발해서 큰 문제가 되었죠. 당시에는 의사의 설명 책임이 의무화되지 않았기 때문에 인체실험에 해당한다고 거센 비난을 받았어요. 현대에 들어서는 거의 실시되지 않아요. 일반적으로 권장하지 않는 치료법이죠."

"『블랙잭』에 그런 수술이 나왔습니까?"

"아뇨. 로보토미라는 말은 나왔지만, 실제로 묘사된 건 다른 수술이었어요. 당시 데즈카는 두개골을 열어서 뇌에 전기 자극을 주는 치료를 로보토미 수술이라고 오해했던 모양이에요.

하지만 로보토미 수술의 문제점이나 피해에 대해서는 아무것도 모르면서 말뜻조차 착각한 채 부주의하게 작품에 등장시킨 행위가 문제시되었겠죠. 공식적으로 사과한 뒤, 다른 난치병을 치료하는 이야기로 바꿔 그려 '필름은 두 개 있었다' 라는 제목으로 단행본에 실었어요."

"나 그거 읽어봤어. 수염 아저씨가 나오는 편이지?"

다키노 류의 말에 시오리코 씨는 고개를 끄덕였다.

"하지만 그러면 항의를 받은 이야기는 실린 거네요. 어떤 이야기가 안 실린 겁니까?"

내가 물었다. 시오리코 씨는 손가락 두 개를 세우며 말했다.

"41화 '식물인간' 과 58화 '쾌락의 자리' 예요. 이야기의 경향은 전혀 다르지만, 뇌수술로 의식이나 정신을 자극하는 장면이 나와요. 물론 등장하는 치료방법은 실제 로보토미 수술은 아니지만…… 데즈카가 세상을 떠난 뒤 미수록 작품의 대다수는 단행본에 실렸지만, 이 두 에피소드는 제외됐어요."

"항의를 받은 일과 관련이 있는 겁니까?"

"전혀 상관이 없다고는 할 수 없겠죠. 하지만 작가가 세상을 떠난 지금은 수수께끼로 남아있어요. 분명한 건 작가 스스로가 단행본에 싣지 않겠다고 판단했다는 사실뿐이에요. '어느 감독의 기록' 처럼 병명을 바꿔서 다시 그린 작품은 그 밖에도 있지만, 이 두 작품에는 그러한 조치도 취하지 않았어요."

시오리코 씨는 낡은 챔피언 코믹스 1권을 들고 책장을 넘겼다. 왠지 모르게 그리운 종이 냄새가 났다.

"하지만 그런 작가의 판단과는 별개로, 좋아하는 작품을 전부 읽고 싶은 열렬한 팬들의 욕구도 분명 존재하죠. 팬들은 미수록 작품이라도 어떻게든 입수하려 애를 써요."

시오리코 씨는 나와 눈을 맞췄다.

"실은 이 두 편 중 '식물인간' 은 초기 단행본에 실렸었어요. 이 구판 챔피언 코믹스 4권에요."

"4권…… 그럼 읽을 수 있었던 거군요."

"네. 초판은 1975년 3월에 나왔는데, 그로부터 일이 년 동안 유통됐던 판본에는 '식물인간' 이 실렸던 게 확인됐어요. 그 뒤에 다른 이야기로 대체되어 4권은 계속 판매됐죠. 한마디로 구판 챔피언 코믹스 4권은 두 종류가 존재해요. '식물인간' 이 실린 구판은 현재 고가에 거래되고 있죠. 마카베 씨 아버님은 그 두 종류를 모두 소장하고 계실 거예요."

'그렇게 된 일이군.'

이제야 이해가 갔다. 마카베 나나코의 아버지는 중학생 때 『블랙잭』 전권을 모았다고 했다. 하지만 그 당시 '식물인간' 은 이미 4권에서 빠진 후였다. 나중에 미수록 작품의 존재를 안 그는 고서점이나 어딘가에서 구판을 구했다. 그래서 4권이 두 권 있었던 것이다. 비싸게 팔리는 고서이기 때문에 표적이 된 것이다.

그나저나 잠깐 이야기를 들었을 뿐인데 4권이 사라졌다는 사실을 알아낸 시오리코 씨도 역시 보통은 아니다. 물론 미수록 작품까지 포함해 『블랙잭』을 모두 읽은 것이리라.

"마카베 씨 동생 분은 그 책의 값어치를 알고 있었던 거예요. 하지만 왜 굳이 '식물인간' 이 실리지 않은 판까지 가져간 건지, 그 이유는 잘 모르겠지만……."

순간 시오리코 씨는 의아한 표정으로 의뢰인의 얼굴을

들여다보았다.

"저기, 왜 그러시죠……?"

나도 마카베 나나코의 표정이 신경 쓰였다. 아까부터 한 마디도 하지 않았지만 표정을 보면 뭔가 말하고 싶은 눈치였다.

"저기, 처음에 보여드렸어야 하는데, 타이밍을 놓쳐서……. 제가 제대로 설명을 안 드렸네요."

마카베는 송구스러운 표정으로 말을 이었다.

"아버지 방에서 없어진 『블랙잭』 4권 말인데요. 아마 두 권이 아니었을 거예요. 정확히 기억나지는 않는데, 세 권이었던 것 같아요"

나와 다키노 류뿐 아니라 시오리코 씨도 이 말에 놀란 표정을 지었다.

"그럼 세 권을 소장하고 계셨던 건가요?"

"아뇨, 그게……."

그녀는 바닥에 놓아둔 하얀 가방을 무릎에 올리고 안에서 신서 사이즈의 낡은 만화책을 꺼냈다.

"아……."

모두 말을 잇지 못했다.

그 표지에는 블랙잭의 옆모습과 수술용 메스가 그려져 있었다. 구판 챔피언 코믹스 『블랙잭』 4권. 게다가 두 권이었다. 한 권에만 파라핀지를 씌워놓았다.

“참고가 될까 해서 가져왔는데…… 정말 죄송합니다.”

마카베 나나코는 꾸벅 고개를 숙였다.

시오리코 씨는 봐도 되겠느냐고 물은 뒤 두 권의 간기면을 차례로 펼쳤다. 1981년 3월에 발행된 49쇄와 1982년 7월에 발행된 53쇄. 모두 ‘식물인간’ 이 실리지 않은 판이었다.

책을 덮은 시오리코 씨는 조심스레 물었다.

“……아버님이 소장하신 4권은 모두 몇 권이었나요?”

“다섯 권이었을 거예요.”

의뢰인은 잠시 망설이다 그렇게 대답했다.

“아마 그중에 세 권이 없어진 것 같아요.”

“4권만 그렇게 많이 가지고 계셨던 건가요?”

마카베 나나코는 고개를 저었다.

“아뇨. 4권만큼은 아니지만 다른 권도 중복되는 게 많아요. 아버지는 유독 『블랙잭』 단행본만 여러 권씩 가지고 계셨어요.”

5

밤이 깊어지자 바람도 거세졌다. 문기둥 그늘에서 지팡이를 짚은 시오리코 씨가 트렌치코트 앞섶을 가볍게 여몄다.

춥냐고 물었지만 시오리코 씨는 고개를 저었다.

"……괜찮아요."

말은 그렇게 했지만 목소리가 어두웠다.

우리는 마카베의 집 앞에 서있었다. 네기시 선 선로 근처에 있는 주택가로, 동일한 디자인의 단독주택이 늘어섰다. 가장 가까운 역은 요코다이였지만, 고난다이의 다키노북스에서도 걸어갈 수 있는 거리였다.

우리는 마카베 나나코와 같이 이곳에 왔다. 시오리코 씨가 아버지의 장서를 보여달라고 부탁했기 때문이다. 중복된 권이 많다는 『블랙잭』 단행본을 직접 확인하고 싶었겠지. 다키노 류는 내일 출근해야 한다며 같이 오지 않았다.

방이 어질러져 있을지도 모르니 잠깐만 기다려달라는 말을 남기고 마카베 나나코는 안으로 들어갔다. 동생의 눈치를 살피려는 구실이라고 생각했다. 블라인드가 내려져 있기는 했지만 이곳에 도착했을 때부터 2층 창문에는 불이 켜져있었다.

"마카베 씨 이야기를 처음부터 제대로 들을 걸 그랬어요."

시오리코 씨는 작은 목소리로 중얼거렸다.

"어떤 책을 얼만큼 소장하고 있는지 알아야 도움을 드리든지 할 텐데…….저도 모르게 책 이야기에 열중해서 부끄러울 따름이에요."

아까부터 풀이 죽어있는 건 그것 때문인 모양이었다.

"전 재밌게 들었습니다. 유명한 만화에 그런 사정이 있는 줄은 몰랐어요."

순간 시오리코 씨의 얼굴이 환해졌지만 이내 다시 어두워졌다. 그리고 어째서인지 고개를 홱 돌렸다.

"너무 오냐오냐 받아주지 마세요……. 나보다 나이도 어리면서."

"나이하고 무슨 상관이 있습니까?"

"다이스케 씨하고 있으면 다른 사람이 같이 있어도 그런 이야기를 멈출 수 없어서…… 아니에요, 따지고 보면 제가 조심해야 하는 일이죠. 하지만 항상 재밌게 들어주니까 저도 신이 나서."

시오리코 씨는 말하다 말고 입을 다물었다. 쑥스러운 모양이었다. 그리고 갑자기 고개를 돌려 현관 쪽을 보았다.

"마, 마카베 씨는 언제 오시려나."

딴청을 피우는 게 초등학생 수준이었다.

나도 현관을 보는 시늉을 했다. 자꾸 웃음이 나오는 걸 참느라 힘들었다. 나도 시오리코 씨가 이야기를 할 때면 신이 났다. 그게 연애와는 상관없다 하더라도.

"시오리코 씨는 제가 없어도 이런 의뢰를 받을 겁니까?"

다키노 류의 말이 계속 마음 한 구석에 걸려있었던 것이다. 무심코 튀어나온 질문이었다. 시오리코 씨의 얼굴에서 썰물처럼 표정이 사라졌다. 뭔지는 모르지만 실수를 한 듯한 기분이 들었다.

"아니, 됐습니다. 괜한 얘기를 했네요. 그러고 보니 똑같은 만화책을 다섯 권이나 사는 게 일반적입니까?"

나는 억지로 화제를 바꿨다. 이런 걸 보면 나도 남의 말을 할 처지는 못 됐다. 하지만 시오리코 씨는 제대로 대답해주었다.

"……마니아들 중에는 자기만의 특별한 고집이 있는 사람이 있어요. 구판 챔피언 코믹스 『블랙잭』은 수십 년 동안 유통되었으니, 시대에 따른 미묘한 장정 차이를 확인하고 싶었던 건지도. ……뭔지는 모르지만 이유가 있었을 거예요."

그때 현관문이 열리며 불빛 속에서 마카베 나나코가 나타났다.

"오래 기다리셨죠. 들어오세요."

그녀가 우리를 안내한 곳은 1층의 큰방이었다. 아버지의 방이라고 했지만, 원래는 부부 침실이었으리라. 낡은 화장대와 서랍장이 놓여있었다. 반대쪽 벽에는 책장이 늘어서 있었다.

"아버지가 수집했던 데즈카 오사무 관련 물건들은 모두 여기 있어요."

마카베 나나코의 이야기를 어디까지 들었는지 모르지만, 시오리코 씨는 눈을 빛내며 책장을 하나씩 훑어보았다.

책장에 꽂혀 있는 책들의 대부분은 데즈카 오사무의 작품이었다. 특히 눈길을 끈 건 책등에 '데즈카 오사무 만화 전집'이라 인쇄된 단행본이었다. 전부 4백 권인지는 알 수 없었지만, 책장 하나를 통째로 차지하고 있었다. 『불새』나 『아돌프에게 고한다』 등 양장본도 있는 한편, 대다수는 신서나 B6사이즈 만화책이었다. 『블랙잭』 외에도 우시오출판사의 『붓다』나 고단샤의 『삼목동자』, 선코믹스의 『우주소년 아톰』 등이 꺼내기 쉬운 위치에 꽂혀있었다.

"70년대 이후에 발표된 작품 중심이네요."

시오리코 씨가 말문을 열었다.

"옛날 작품도 있지만, 그런 작품들은 꼭 옛날 단행본으로 수집하신 것 같지 않아요. 저기, 마카베 씨, 죄송하지만 의자 좀 주실래요?"

"아, 네."

마카베 나나코는 화장대 의자를 가져왔다. 시오리코 씨는 감사 인사를 하고 의사에 앉아 지팡이를 바닥에 내려놓았다. 그리고 눈앞의 책장에 꽂힌 『블랙잭』을 순서대로 꺼내 상태와 간기면을 확인했다.

분명히 모든 책이 두 권씩 있었지만, 그중 한 권에는 파라핀지를 씌워놓았다. 특별히 아끼는 책 같았다. 그 밖에 파라핀지를 씌워놓은 책은 없었다.

"파라핀지를 씌워놓은 책은 보관용입니까?"

나는 마카베에게 물었다.

"글쎄요. 전 그걸 이상하게 여긴 적이 없어서요. 철들 무렵부터 이랬기 때문에 아버지에게 물어본 적도 없었어요."

모든 권을 제자리에 꽂은 시오리코 씨가 우리를 돌아보며 말했다.

"이 책들의 대부분은 1980년대 초반에 발행된 판본이에요. 같은 시기…… 즉 마카베 씨의 아버님이 10대였을 때 수집하신 책일 거예요."

그렇다면 중학생 때 일부러 만화책을 두 권씩 샀다는 건가? 열렬한 팬이라면 이해 못 할 행동은 아니지만…….

"……그런데 마지막 권인 25권만 중복되지 않았네요. 여기 또 한 권이 있지 않았나요?"

시오리코 씨는 챔피언 코믹스 24권과 『BLACK JACK Treasure book』이라는 제목의 문고 사이에 꽂힌 25권을 가리켰다. 분명 한 권밖에 없었다. 그리고 파라핀지도 씌워놓지 않았다.

“아, 지금 듣고서야 알았어요. 그 25권도 희귀한 책인가요?”

“아뇨. 제가 아는 바로는 비싼 가격에 팔리는 책은 아니에요. 발행부수도 많고, 지금도 쉽게 구할 수 있거든요.”

“그럼 역시 신야가…….”

마카베 나나코는 그렇게 중얼거렸다. 여기 와서 수수께끼가 더 늘어난 것 같았다. ‘식물인간’ 이 실린 4권뿐 아니라 다른 권까지 가져간 이유는 뭘까?

“어머?”

시오리코 씨는 『블랙잭』이 꽂힌 칸 가장자리에 끼워져있던 걸 빼냈다. 책은 책이지만 팸플릿처럼 얇은 책자였다.

보아하니 팬클럽 회보 같았다. 표지에 적힌 특집은 ‘유니코’ 로, 뿔이 달린 캐릭터가 그려져있었다. 1983년에 발행된 호였다.

“이 캐릭터 이름이 유니코입니까?”

“내, 1980년대 후반에 산리오 잡지에 영유아 여자아이 대상으로 연재됐던 작품으로, 같은 시기 애니메이션으로도 만들어졌어요.”

시오리코 씨는 책장을 넘겼다. 그러자 핑크색 봉투가 나왔다. 역시 유니코 봉투였다.

‘이런 상품까지 수집한 건가.’

마카베 나나코의 양해를 구한 뒤 시오리코 씨가 봉투를 열었지만 안에는 아무것도 들어있지 않았다.

그나저나 왜 여기에 회보 하나만 덜렁 꽂혀있는 거지? 팬클럽 회원이었던 사람이 회보를 가지고 있는 게 딱히 이상할 일은 아니지만.

"그나저나 마카베 씨, 가족 중에 아버님 말고 『블랙잭』을 읽으신 분은 없나요?"

"……동생은 읽었을 거예요. 저는 어릴 때 조금 읽다 말았지만, 수술 장면이 무서워서요. 『삼목동자』를 더 재밌게 봤어요."

"저도 좋아해요. 재밌죠."

시오리코 씨가 미소를 지었다.

"저기, 돌아가신 어머님께서는요?"

마카베 나나코는 당황한 듯 눈을 깜빡였다.

"엄마는…… 그러고 보니 읽으시는 걸 본 적이 있어요. 재미있게 읽으셨는지는 모르겠지만. 독서는 좋아하셨어도 감상 같은 걸 잘 말씀하시는 편이 아니었어요."

"개인적인 질문이라 죄송하지만…… 부모님은 어떻게 만나신 건가요?"

시오리코 씨는 아까부터 계속 어머니에 대해 묻고 있었다. 우리는 모를 뭔가 깊은 뜻이 있는 모양이었다.

"……엄마가 아버지의 편지를 받은 게 계기였다고 들었어요. 엄마는 아버지보다 한 살 연하였는데, 그때는 중학생이었대요."

"편지라면 러브레터 말입니까?"

나는 무심코 되물었다. 꽤나 진부한 계기였다.

"그런 것 같은데, 자세히는 모르겠어요. 처음에는 그냥 친구로 편지를 주고받았을 뿐이라고 했어요. 외가는 이 근처인데, 아버지는 당시 네기시에 사셨다고 들었어요. 학교도 서로 다른 곳이라 어디서 엄마를 알게 됐는지는 모르겠어요. 물어도 웃기만 하세요."

네기시는 요코다이에서 열차로 10분 거리였다. 어딘가에서 마주쳤어도 이상할 건 없었다.

"계속 편지를 주고받는 중에 친해져서 직접 만나게 됐다고 해요. 그러다 사귀게 됐는데……."

부모의 옛날이야기를 이야기하는 게 창피했는지, 마카베 나나코는 말을 흐렸다.

"몇 년 뒤에 결혼하셨나요?"

시오리코 씨가 말을 받아 물었다.

"네. 하지만 외할아버지가 두 분 사이를 반대해서 꽤 충돌이 많았던 모양이에요. 예전에는 무척 엄한 분이셨다고 해요. 엄마는 대학 졸업 직전에 집을 나와 아버지의 자취방에 들어갔고요."

"그랬군요……. 힘드셨겠네요."

시오리코 씨가 부드러운 목소리로 말했다.

"자세히 가르쳐 주지는 않았지만, 꽤 고생이 심했던 모양이에요. 아버지는 여기 있는 만화책을 처분하려 했지만, 엄마가 말렸대요……."

방 안에 침묵이 흘렀다. 마카베 나나코는 퍼뜩 정신을 차린 듯 빠르게 말했다.

"아, 저기, 그렇게 심각한 얘긴 아니에요. 제가 태어났을 즈음에 외할아버지하고 화해해서 그때부터는 잘 지내거든요. 외할아버지도, 외할머니도 저희를 정말 예뻐해주세요. 조금 도가 지나칠 정도로요."

아마 손녀가 태어난 일이 화해의 계기가 된 것 같다. 딸을 잃은 지금은 외손자들에게 애정을 쏟는 것이겠지.

"말씀해주셔서 감사해요."

시오리코 씨는 회보를 든 채 지팡이를 짚고 일어났다. 들어야 할 이야기는 모두 들은 모양이었다.

나로서는 짐작도 가지 않았지만, 이미 수수께끼는 해결된 것 같다.

"동생 분과 만나볼 수 있을까요?"

마카베 나나코는 눈을 내리깔며 대답했다.

"그게, 순순히 와줄지 모르겠어요. 아까도 방문 앞에서 말을 걸었는데 대답도 하지 않아서……."

"'식물인간' 건으로 할 얘기가 있다고 전해주세요. 그러면 아실 거예요. 한시라도 빨리 동생 분을 만나야 해요."

6

마카베 신야가 누나를 따라 내려온 건 그로부터 잠시 후였다.

목이 늘어난 긴소매 셔츠에 면바지를 입은 신경질적인 인상의 키 큰 소년이었다. 긴 앞머리 아래로 붓고 충혈된 두 눈이 보였다. 딱 봐도 잠이 부족해 보이는 건 손에 든 게임기 때문이리라. 내 눈을 보고는 슬그머니 주머니에 집어넣었다.

"시노카와 시오리코예요. 만나서 반가워요."

시오리코 씨가 꾸벅 인사를 건넸다. 나도 따라서 고개를 숙였지만, 상대는 여전히 묵묵부답이었다. 그럴 줄은 알았지만.

"동생 신야예요."

마카베 나나코가 대신 소개했다.

“볼일이 뭔데요?”

마카베 신야는 겨우 알아들을 정도의 목소리로 빠르게 말했다. 시오리코 씨는 꿈쩍도 하지 않았다. 책에 관련된 수수께끼를 풀 때의, 자신만만한 그녀였다.

“전 기타가마쿠라에서 고서점을 운영하는 사람이에요. 누나 부탁으로 여기서 없어진 『블랙잭』을 찾고 있어요. ……당신이 가져간 거 맞죠?”

잠시 아무도 입을 열지 않았다. 이내 소년이 늘어져라 하품을 했다.

“……내가 분명 누나는 말해도 모른다고 하긴 했지만.”

소년은 갑자기 눈을 부라리며 누나를 노려봤다.

“그렇다고 이런 수상한 여자를 데려오면 어쩌자는 거야! 망할 영감탱이의 4권은 혼자 찾으라고!”

나나코의 얼굴이 새파랗게 질렸다. 분명 평소에는 이런 식으로 소리 지른 적이 없는 것이리라. 신야는 밖으로 나가려 했다.

“역시 당신이 가져간 건 4권뿐이군요. ‘식물인간’이 실린 구판 챔피언 코믹스죠.”

방문을 열려던 마카베 신야가 돌아보며 말했다.

“……그럼 어쩔 건데?”

“역시.”

시오리코 씨는 생긋 웃었다. 분위기와 맞지 않는 환한 미소에서 묘한 박력이 느껴졌다. 그녀는 나와 의뢰인을 보며 말했다.

"25권은 없어진 게 아니에요. 아마 원래 이곳에는 한 권밖에 없었던 거예요."

"네? 하지만……."

다른 권은 모두 중복됐는데 왜 25권만 한 권이지?

그렇게 묻기 전에 마카베 신야는 방문을 열었다. 자기와 할 이야기는 끝났다고 판단한 모양이었다. 그 뒤통수를 향해 시오리코 씨가 말했다.

"당신은 그 4권이 정말 아버님만의 것이라고 생각하나요?"

"……그게 무슨 소리야?"

신야는 몸을 틀어 우리를 정면으로 보았다.

"왜 『블랙잭』의 거의 모든 권이 중복됐을까? 그 답은 간단해요. 절반은 어머님 책이었기 때문이죠."

우리는 순간 말문이 막혔다. 어머니에 대해 물었던 건 그걸 확인하기 위해서였나. 아니, 어머니가 『블랙잭』을 모았다는 이야기는 나오지 않았는데.

"되는대로 지껄이지 마."

소년은 험악한 눈빛으로 말했다. 하지만 시오리코 씨는

아랑곳하지 않고 말을 이었다.

"여기 있는 중복된 『블랙잭』 중 한 권에는 반드시 파라핀지가 씌워져있어요. 다른 만화는 그렇지 않죠. 아버님의 습관은 아니라는 거죠. 이 만화책이 발행된 건 부모님이 중학생일 때에요. 분명 두 분이 각각 모으신 책이겠죠. 아마 데즈카 오사무, 특히 『블랙잭』의 애독자……."

"되는대로 지껄이지 말라니까!"

신야는 손바닥으로 문을 치며 말했다. 본인도 큰 소리에 놀란 것 같았다. 원래는 누나처럼 얌전한 성격이었으리라.

그런 사람이 이렇게까지 흥분한 데에 나는 위화감을 느꼈다. 뭔가 아직 밝혀지지 않은 사정이 있을지도 모른다.

"증거 있어?"

시오리코 씨에게 한 발짝 다가서는 신야를 보고 나도 그녀를 보호하듯 앞으로 나섰다. 분명히 지금까지 한 이야기는 전부 억측에 불과했다. 납득시키지 못한다면 소년은 냉정을 잃을지도 모른다.

"이게 증거예요."

시오리코 씨는 들고 있던 팬클럽 회보를 소년에게 내밀었다. 아까 봤던, 1983년에 발행된 호였다.

"뒤쪽의 회원 투고란을 봐요. 제일 끝에 실린 투고가 그 증거예요."

소년은 못마땅한 표정으로 회보를 펼쳤다. 마카베 나나코와 나도 같이 들여다보았다. 팬들의 교류를 목적으로 한 코너인 듯, 데즈카 작품의 감상 등이 실려있었다. 제일 끝에 실린 투고의 내용은 이랬다.

요코하마 구석에 사는 중학교 2학년 'BJ' 광팬입니다. 겨우 단행본을 다 모아서 부모님 몰래 매일 읽고 있어요. '줄어든다! ', '인면창', '몸이 돌로……' 같은 무서운 병이 나오는 이야기를 좋아하는 음침한 놈이에요. 저랑 같은 취미를 가진 또래 친구 찾아요!

읽는 내가 부끄러워지는 문장 끝에 편지를 보낼 주소가 적혀있었다.

받는 사람 이름은 '아이카와 미카'. 주소는 가나가와현 요코하마시 이소고구 요코다이…….

"엄마예요. 틀림없어요."

마카베 나나코가 중얼거렸다.

나도 그제야 이해가 갔다. 팬클럽 회보에서 '아이카와 미카'는 펜팔 상대를 찾았다. 그리고…….

"그걸 읽은 아버님이 편지를 보내신 거예요. 사이에 끼워진 '유니코' 봉투는 아마 어머님이 보내신 거고요. 이 방을 봐서는 아버님은 이런 캐릭터 상품에는 관심이 없으셨던 것 같아요. 여기 있는 건 본인이 좋아하는 작품을 친숙한 단행본으로 읽고 즐기기 위한 수집품이죠. 더군다나 '유니코' 는 여성향 작품이고, 어머님의 초등학생 시절 연재됐어요."

분명히 이 방에 다른 캐릭터 상품은 없었다. 듣고 보니 수긍이 가는 설명이었지만, 같은 걸 보고도 나는 생각조차 하지 못했다.

"그 밖에도 이 내용으로 알 수 있는 게 있어요."

시오리코 씨는 손을 뻗어 '몸이 돌로……' 언저리를 가리켰다.

"'몸이 돌로……' 는 '식물인간' 대신 4권에 실린 이야기에요. 두 분이 만난 1983년 당시 서점에서 구할 수 있던 건 나중에 나온 4권이었죠. 이 시점에서는 아직 두 분 다 '식물인간' 을 읽지 않았을 가능성이 커요.

사귀고 나서, 어딘가에서 미수록 작품의 존재를 듣고 각자 구판 4권을 고서점에서 구했다는 얘기죠. 결혼하실 때 어머님이 본인이 소장한 『블랙잭』을 전부 가져온 결과 책이 중복된 거고요."

나는 머릿속에서 계산했다.

'식물인간' 이 실린 판과 실리지 않은 판을 부부가 각자 소장했다고? 그것만으로도 4권은 네 권이나 된다.

"하지만 왜 『블랙잭』만 중복된 겁니까? 팬클럽에 가입할 정도의 팬이었다면 다른 단행본도 가지고 있었을 텐데."

"그건 아마 공간 때문이었을 거예요."

아, 나는 낮게 소리쳤다.

그러고 보니 마카베 나나코가 아까 말했다. 아버지의 자취방에서 같이 살았다고. 남편 쪽이 이미 대량의 만화책을 소장하고 있었다. 그 상태에서 책을 또 늘렸을 리가 없다. 가장 아끼던 『블랙잭』만 가져와 힘든 시기에도 부부가 함께 지켜낸 것이다.

"그럼 왜 25권은 중복되지 않은 겁니까?"

"그것도 설명할 수 있어요. 구판 챔피언 코믹스의 마지막 권, 25권 초판이 발행된 건 1995년이에요. 그 전권인 24권이 발행된 날로부터 10년 이상, 데즈카 오사무의 사후 5년이 지나서였어요."

"……그렇게 늦어진 겁니까?"

"네. 사실 25권은 그때까지 미수록된 에피소드 모음집이에요. 원래 출판사는 구판 챔피언 코믹스를 24권으로 완결할 작정이었대요. 데즈카가 직접 선택한 작품은 모두 실었으니까요. 하지만 아까도 말했듯 누락된 작품이 많이 남아 있었어요. 그 이야기들을 읽고 싶어하는 팬들의 요청으로 25권이 발행된 거죠.

한마디로 마카베 씨의 부모님이 결혼하셨을 당시, 구판 챔피언 코믹스는 24권까지밖에 없었어요."

시오리코 씨는 책장을 빼곡히 채운 데즈카 오사무의 단행본을 둘러보며 말했다.

"『블랙잭』은 중복됐지만 다른 만화는 그렇지 않아요. 결혼 후에는 책을 공유해 두 권씩 사지 말자고 합의하신 거죠. 때문에 25권이 나왔을 때는 한 권만 구입하신 게 아닐까요?"

모두 아무 말도 하지 못했다. 반박할 여지가 없었기 때문이리라. 늘 그렇듯 논리정연한 설명에 나는 혀를 내둘렀다. 잠깐 책장을 둘러보기만 했는데 어떻게 여기까지 알 수 있는 걸까.

"신야 군, 아버님과 무슨 일이 있었는지는 모르겠지만, 여기 있는 4권 중 두 권은 어머님이 남기신 거예요. 아버님은 그걸 소중히 보관하셨고요. 어떤 사정이 있든 몰래 가져가는 걸 정당화할 순 없어요."

마카베 신야는 고개를 숙인 채 이를 악물었다. 자신의 행동을 반성하는 것 같지는 않았다.

다시 고개를 든 소년의 입가에는 경직된 미소가 번져있었다.

"아버지가 엄마의 만화를 소중히 보관했다고? 진짜 그렇게 생각해? 다른 한 권에 대해서는 아무것도 모르잖아."

"……그게 무슨 뜻이죠?"

"이 집에 4권은 다섯 권 있었어. 당신이 설명한 건 그중 네 권에 관해서고."

그러고 보니 사라진 4권은 모두 세 권이었다. 부부가 각자 구입한 두 권 말고 나머지 한 권이 더 있었다.

"아버지가 어떤 인간인지는 나만 알아. 누나도 몰라……. 아버지는 가족들 생각은 요만큼도 하지 않았어. 이 지저분한 만화책이 더 중요했다고."

"신야, 그게 무슨 소리야?"

마카베 나나코의 목소리에 불안이 섞였다. 소년은 어두운 눈으로 그녀를 보았다.

"엄마가 돌아가신 날 기억하지? 갑자기 상태가 급변했다고 아버지가 학교에 있던 날 데리러 왔잖아. 누나는 벌써 병원에서 기다리고 있었고. 도착했을 때는 이미 늦었지만."

갑자기 신야의 얼굴이 일그러졌다.

"아버지는 그때 지나가는 길에 있는 고서점에 들렀어. 일부러 차까지 세우고. 왜 그러냐고 물었더니 4권 초판이 있을지도 모른다는 거야. 엄마가 위독한데 그게 할 소리야? 나를 차에 두고 내려서 『블랙잭』 4권을 사왔어. 너덜너덜한 헌책이었지만 분명히 초판은 초판이었지.

병원에 도착했을 때 엄마는 이미 뇌사 상태였어. 아버지가 그런 짓만 안 했더라면 한마디는 나눴을 텐데."

창백한 얼굴로 우두커니 서 있던 마카베 나나코가 힘겹게 입을 열었다.

"하, 하지만…… 그때 엄마는 이미 의식이 없었어. 아버지는 엄마에게 힘을 주려고 추억이 깃든 책을 찾았던 게……."

소년은 말을 자르듯 코웃음을 쳤다.

"머리가 그렇게밖에 안 돌아가? 우리 학교에서 병원으로 가는 길에 집 앞을 지났어. 정말 그럴 작정이었다면 집에서 가져갔으면 됐잖아. 그 추억의 책은 여기 있으니까. 아무리 좋은 놈인 척해도 그럴 때는 본성이 나오는 법이지."

신야의 이야기를 곧이곧대로 믿는 건 아니었지만, 반박할 여지는 없었다. 그의 말대로 아내에게 힘을 주려던 의도였다면 지나가던 고서점에서 책을 사는 건 이해가 가지 않는 행동이었다.

"……그게 어느 고서점이었죠?"

시오리코 씨가 물었다.

"국도를 타고 가다 이소고의 하마 마켓에서 조금 더 간 곳에 있어. 버스정류장 옆이었나? 간판에 무슨 서방書房이라고 적혀있었던 것 같은데 이름은 정확히 기억이 안 나. 마침 폐점 세일을 했었어. 그걸 보고 들어간 거겠지. ……

엄마가 죽어가고 있는데."

신야는 비아냥대듯 입꼬리를 올렸다.

시오리코 씨는 입가에 주먹을 대고 생각에 잠겼다. 뭔가 마음에 걸리는 게 있는 모양이었다.

"나도 어렸으니까 그때는 잘 몰랐지. 아버지도 그런 일 없었다는 듯이 시치미를 뚝 뗐고. 계속 마음에 걸렸지만 가만히 있었어.

하지만 내가 학교에 가지 않으니까 날 데려다 설교를 시작하더군. 사람은 순간순간마다 할 수 있는 일을 해야 한다, 다른 길로 빠질 시간은 없다면서."

목소리가 가늘게 떨리고 있었다. 딸꾹질 같은 웃음소리가 그의 입에서 새어나왔다.

"그래서 물었지. 5년 전에 엄마가 죽어가고 있는데 고서점에 들른 아버지는 뭐냐고."

"……아버지가 뭐라고 하셨어?"

마카베 나나코는 조심스레 물었다.

"아무 말도 안 했어. 돌처럼 굳어버리더군. 변명하지 않았다는 건 뭔가 켕기는 게 있다는 거잖아. 그래서 아버지랑 똑같은 짓을 해줬지. 고서점에는 얼마든지 들러도 되는 거잖아?"

그때 시오리코 씨가 홱 고개를 들었다. 안경 속 두 눈에 조용한 분노가 깃들어있었다.

"아까 '이 집에 4권은 다섯 권 있었다' 고 했죠?"

"그런데?"

"그 말인즉, 이제는 아니라는 뜻이죠. 팔았군요, 고서점에 가져가서."

"신야! 너 정말!"

처음으로 마카베 나나코가 언성을 높였다. 하지만 동생은 아랑곳하지 않고 비릿한 웃음을 짓고 있었다. 그러더니 주머니에서 꺼낸 게임기를 흔들며 말했다.

"인터넷에서 4권만 프리미엄이 붙었다고 봤는데, 막상 팔았더니 얼마 안 주더라고. 중고 게임기 하나 사니까 끝이야."

마카베 신야가 했던 말을 떠올렸다. '그게 어떤 책인지 모르는 누나한테 말해도 소용없어.'

그 말은 다섯 권째 4권에 대한 이야기였으리라. 그때는 이미 팔아넘긴 뒤였던 것이다.

"……어느 고서점에 팔았죠?"

시오리코 씨가 날카로운 목소리로 물었다. 신야는 대답 대신 시선을 피했다.

'큰일이군.'

고서점에 판 지 벌써 4, 5일은 지났을 것이다. 만일 다른 사람에게 팔렸다면 엎질러진 물이다. 한시라도 빨리 신야의 자백을 받아내야 했지만, 순순히 대답해줄 것 같지는 않았다.

"……말하지 않아도 어디 팔았는지 알 수 있어요."

"정말입니까?"

자신만만한 시오리코 씨의 말에 나는 그렇게 물었다.

"네. 신야 군은 아직 미성년자예요. 훔친 물건을 파는 걸 방지하기 위해 지금은 대부분의 가게에서 보호자가 서명한 승낙서를 받아오게 되어있어요. 하지만 아버님이나 누나에게 부탁할 수는 없었을 테니…… 근처에 사시는 외가에 부탁한 게 아닐까요?"

마카베 신야의 입가에서 웃음이 사라졌다. 적중한 모양이다.

"물론 사실대로 말하지 않고 본인 물건을 팔아야 하니 서명해달라고 했겠죠. 계속 입을 다물고 있으면 외가에 연락해 물어볼 수밖에 없어요. 이 일에 더 많은 분들을 말려들게 해도 괜찮겠어요?"

긴 침묵이 흘렀다. 이내 소년은 힘없이 쳇, 혀를 차더니 게임기를 쥔 손을 떨구며 말했다.

"고난다이의 다키노북스라는 곳이야."

순간 우리는 귀를 의심했다.

7

30분 뒤, 우리는 다시 다키노북스의 사무실에 있었다.

"처음부터 나한테 물어봤으면 번거롭게 왔다 갔다 하지 않아도 됐을 텐데."

앞치마 차림의 다키노 렌조가 어처구니없다는 표정으로 말했다.

시오리코 씨와 나, 다키노 남매와 마카베 나나코가 둘러앉은 테이블 위에 『블랙잭』 4권이 포개져있었다. 한 권에는 파라핀지를 씌워놓았다.

"내가 됐다고 했어. 설마 오빠가 도움이 될 줄은 몰랐거든. 다들 미안해."

다키노 류는 겸연쩍은 표정으로 고개를 숙였다. 지금은 평상복으로 갈아입고 화장도 싹 지웠다. 아까와는 달리 농사일 하는 아낙 같은 차림새였다. 이 모습도 나름대로 어울렸다.

"아니, 내 생각이 짧았어."

시오리코 씨가 안절부절못하며 그렇게 말했다.

"팔았을 가능성도 있고, 이런 옛날 만화를 취급하는 가게는 이 근처에는 거의 없는데…… 렌조 씨에게 확인할 걸 그랬어."

"어쨌든 가게에 내놓기 전에 찾아서 다행이야. 요새 상품 진열하는 게 늦어졌거든. 아무튼 찾던 책이 이거 맞아?"

모두의 시선이 만화책에 쏠렸다. 마카베 나나코가 쭈뼛거리며 입을 열었다.

"네, 이 책이 맞아요. 그런데 한 권 더 있지 않나요?"

나도 그 점이 신경 쓰였다. 테이블 위에 있는 『블랙잭』 4권은 두 권뿐이었다. 모두 상태는 좋아 보였다. 하지만 5년 전에 구입했다는 낡은 초판본이 없었다.

"있었는데 가격을 매기지 않았던 모양이야. 상태가 너무 안 좋아서."

"다키노 씨가 직접 감정한 게 아닌가요?"

내가 물었다. 다키노는 고개를 저었다.

"감정은 내가 했는데, 직접 책을 본 건 아니야. 동생이 왔을 때 마침 출장 매입 중이어서 아르바이트생 전화를 받았거든. 감정할 수 있는 사람이 가게에 없어서 처음에는 두고 가라고 하려고 했는데, 권수도 적어서 전화로 내용을 듣고 매입했어."

이야기를 들으며 시오리코 씨는 두 권의 4권을 훑어보았다. 어깨 너머로 보니까 두 권 모두 '식물인간'이 실려 있었다. 간기면은 파라핀지를 씌우지 않은 책이 1975년 12월

발행된 10쇄, 씌운 쪽이 1976년 발행된 16쇄였다. 참고로 초판은 1975년 3월에 발행됐다. 겨우 1년 반 만에 15번이나 증쇄된 것이다. 당시의 인기를 실감할 수 있었다.

책을 내려놓고 시오리코 씨가 말문을 열었다.

"가격을 매기지 않은 4권은 어떻게 됐어요?"

"손님이 도로 가져갔다고 들었어. 내가 아는 건 거기까지고."

요컨대 나머지 한 권의 행방은 모르는 것이다. 다키노는 자리에서 일어났다.

"지금 가게에 아르바이트밖에 없어서 가봐야 해. 또 궁금한 거 있으면 불러."

말을 마친 다키노는 밖으로 나갔다.

"나머지 한 권을 어떻게 한 걸까요?"

마카베 나나코는 무릎에 손을 올린 채 『블랙잭』 4권을 바라보았다. 신야의 태도로 보아 소중히 보관하고 있을 것 같지는 않았다. 오는 길에 어딘가에 버렸을 가능성도 충분히 있었다.

"다키노북스를 나온 뒤로 동생 분이 어딘가에 들렀을 가능성이 있나요? 또는 누군가와 만났을 가능성은요?"

시오리코 씨의 질문에 나나코는 잠시 생각에 잠겼다.

"지금 만날 만한 친구는 없을 테고, 딱히 갈 만한 곳도……. 아, 돌아오는 길에 외갓집에 들렀을지도 몰라요. 그날 외할머니가 만드신 카레를 냄비채 들고 돌아왔거든요."

"그러면 할머님이 뭔가 아실지도 모르겠네요. 조만간 뵐 수 없을까요? 물론 동생 분이 책을 가져간 얘기는 안 할게요."

"감사합니다. 부탁드릴게요."

고개를 숙이고 있어서인지 마카베 나나코의 표정은 어두웠다. 아까 여기서 이야기를 나눴을 때보다 지쳐 보였다.

"왜 그러세요?"

"그냥…… 생각을 했어요. 5년 전 아버지는 왜 병원에 가는 도중에 책을 샀을까."

나도 그 점이 마음에 걸렸다.

마카베 신야는 아버지가 4권 초판을 사려고 가게에 들어갔다고 했다. 그게 사실이라면 분명히 지탄받을 만한 행동이다.

아내가 위독한 상황에서, 또한 '식물인간'이 실린 판을 이미 두 권이나 가지고 있는데도 일부러 초판을 사러 갈 필요가 있었을까?

"아버님에게 직접 들으신 적은 없죠?"

"네. 하지만 실은 그날 무슨 일이 있었냐고 아버지에게 물어봤어요. 생각보다 병원에 도착하는 게 늦었거든요. 하지만 아버지는 아무 말도 하지 않았어요. 엄마가 돌아가신 직후라 경황이 없어서인 줄 알았는데……."

마카베 나나코는 말을 흐렸다. 그녀의 머릿속에서도 의문이 피어난 모양이었다. 마카베 신야의 말대로 사실을 감췄다는 건 뭔가 켕기는 게 있기 때문이다.

"엄마가 돌아가신 뒤로 아버지는 거의 웃지 않았어요. 우리한테도 엄하게 대했고. 초등학생이었던 동생은 마음고생이 심했을 테지만, 그래도 열심히 공부했어요. 원체 얌전한 성격이라 그런 못된 소리를 하는 애가 아니었는데……."

스스로에게 말하듯 나나코는 작은 소리로 말을 이었다. 동생의 발언에 누구보다 상처를 받은 건 바로 그녀이리라.

"입시에 실패한 뒤에 중학교 친구와도 멀어진 탓도 있을 거예요. 같은 학원에 다니던 애들이 많았는데, 다들 1지망 학교에 합격했거든요. 그래서 실패한 동생을 깔보는 분위기가 생겼고요."

시험 점수를 잘 받는 사람이 그렇지 않은 사람의 마음을 헤아리기란 쉽지 않은 법이다. 그것은 마카베 신야 자신에게도 해당되는 이야기였겠지.

"저는 중고등학교 모두 같은 학교여서 친구 때문에 고민한 적은 없어요. 그 나이에 갑자기 자기 자리가 없어진다는 건 생각만 해도……. 솔직히 동생을 탓할 마음은 들지 않아요. 같은 상황에 처했고, 아버지에 대한 불신이 있었다면, 저도 그런 짓을 저질렀을지도 몰라요."

"시험에 떨어진 학생들이 모두 부모의 책을 훔치는 건 아닙니다. 막상 가고 싶은 학교에 가서도 일이 잘 안 풀리기도 하고요. 그것과 이건 별개의 문제입니다."

나는 반박했다. 생각해보면 여기 있는 세 여자는 입시를 치르지 않고 모두 같은 재단의 중고등학교에 다녔다. 고등학교 입시를 경험한 건 이 중에 나밖에 없었다.

"그건 그래."

다키노 류도 고개를 끄덕였다.

"나 학교 다닐 때도 제대로 된 인간관계를 맺지 못했던 애가 있었어. 바로 여기. 반에서 친구가 하나도 없었거든."

다키노 류는 엄지손가락으로 시오리코 씨를 가리켰다. 시오리코 씨는 겸연쩍은 표정으로 눈을 감았다.

역시 친구가 얼마 없었구나.

하지만 마카베 나나코의 반응은 달랐다.

"정말요? 선배님은 모르는 게 없고 이야기도 재밌는데."

"처음에는 다들 그렇게 생각하지. 하지만 얘는 정말 자기 읽은 책 얘기밖에 안 했고, 내용도 중고생한테는 너무 어려우니까. 매일 그런 이야기를 듣고도 버틸 자신 있어?"

침묵. 마카베 나나코도 자신은 없었던 모양이었다.

다키노 류는 의미심장한 표정으로 내 표정을 살폈다. 책 이야기를 잘 들어주는 나를 은근히 놀리는 것이다. 나도 가만히 있을 수는 없었다.

"그럼 다키노 씨는요? 시오리코 씨하고 오랜 친구잖아요."

"나? 나는 책 얘기는 70퍼센트쯤 흘려 넘기거든. 책은 잘 몰라도 시오리코의 장점은 잘 알아. 난 얘를 좋아하니까."

쑥스러워하지도 않고 웃는 얼굴로 딱 잘라 말했다. 옆에 있던 마카베 나나코의 얼굴이 붉어졌다. 옛날부터 이런 성격이었다면 여학교에서는 인기깨나 있었겠군.

"……지금 학교에서 한 명이라도 친구가 생기면 달라질 거예요."

시오리코 씨의 말에는 자신의 경험이 배어있었다. 다키노 류의 존재가 큰 위안이 되었던 건지도 모른다. 두 사람이 같은 학교에 다니던 시절을 보고 싶었다.

"친구가 하나밖에 없는 것도 생각해볼 일이야. 나밖에 같이 갈 사람이 없다며 고서점 순회에 날 끌고 다녔다니까. 그런 일을 즐길 수 있는 사람이 얼마나 되겠어. 안 그래?"

다키노 류는 진지한 표정으로 나에게 물었다. 내가 시오리코 씨의 고서점 순회에 따라갔던 사실을 아는 것이다. 오빠나 동생이나 사람을 놀려먹는 버릇이 있다. 제발 적당히 했으면 한다.

"……고서점 순회 하니까 생각났는데."

시오리코 씨가 화제를 바꿨다.

"이소고의 하마 마켓 옆에 중고 만화를 주로 취급하는 가게가 있었어? 5년 전에 폐점했다는데."

"이소고면…… 너한테 여러 번 끌려간 곳이었지."

다키노 류는 팔짱을 끼더니 잠깐 동작을 멈췄다 이내 한숨을 내쉬었다.

"난 기억 안 나. 이 근처에서 우리하고 장르가 겹치는 가게가 있었으면 인상에 남았을 텐데."

아까 마카베 신야가 말했던 고서점 이야기인 모양이었다. 그러고 보니 시오리코 씨는 묘한 표정을 짓고 있었다.

"그렇지? 난 가나가와 현에 있는 고서점은 전부 가본 적 있지만."

아무렇지도 않게 굉장한 말이 튀어나왔지만, 지금은 신경 쓰지 않기로 했다.

"짚이는 데가 없어. 혹시 너는 알까 해서."

"고서조합에 가입하지 않은 통신판매 전문점이었을 가능성은? 혼자 조용히 영업했으면 모를 수도 있잖아."

"간판이 걸려 있었고, 매장 판매도 했다고 하니까……."

두 사람은 입을 다물었다.

고서점에서 나고 자란 두 여자가 모르는 지역 서점이 있을 수 있을까?

"동생이 거짓말을 한 걸까요?"

마카베 나나코가 나지막한 목소리로 중얼거렸다. 시오리코 씨는 단호하게 부정했다.

"아니에요, 그 자리에서 거짓말을 할 필요는 없었거든요. 장소 이야기도 구체적이었고요. 정말 그런 고서점이 있었을 거예요."

"하지만……."

그녀는 말을 흐렸고, 잠시 침묵이 흘렀다.

"그 고서점에 뭔가가 있을 거예요. 분명 아버님이 다섯 권째 4권을 구입하신 이유와도 관련이 있을 테고요."

시오리코 씨가 중얼거렸다.

"그 점이 조금 더 확실해지면……."

아무래도 5년 전에 들렀다는 고서점이 모든 수수께끼를 풀 열쇠인 모양이다.

하지만 답을 아는 사람은 아무도 없었다.

8

주말 오후, 시오리코 씨와 나는 다시 요코다이를 찾았다.

의뢰인이 알려준 주소에는 고풍스러운 분위기의 단독주택이 있었다. 마카베 나나코와 신야의 외가였다. 마침 대문 앞에 서있던 봉고차에 휠체어를 탄 나이 지긋한 노인이 오르고 있었다. 차체에는 데이케어 센터라고 적혀있었다.

아마 휠체어를 탄 노인은 마카베 나나코의 외조부이고, 복지관에 가는 길인 것 같았다. 가서 읽을 생각인지 파라핀지로 싼 양장본을 들고 있었다.

멀어지는 봉고차를 배웅하는 허리 굽은 할머니의 모습이 보였다. 대문으로 들어가려던 할머니는 도로 반대편에 서 있는 우리를 보았다.

"아, 안녕하세요……. 아이카와 씨 되시죠?"

시오리코 씨는 지팡이에 몸을 기대고 인사를 건넸다.

"저는 이 근처 고서점에서 일하는 사람인데, 시노카와라고 합니다."

노인은 의아한 표정으로 인사를 받았다.

사전에 마카베 나나코가 연락을 하긴 했어도 경계하지 않을까 싶었는데, 괜한 걱정이었던 모양이다. 바로 집으로 들였다.

이야기를 들어보니 이 할머니도 세이오 여학원 출신으로, 시오리코 씨의 대선배에 해당하는 사람이었다. 그 덕인지 할머니는 환한 미소를 지으며 나미에 선배라고 부르라고 했다. 졸업해도 선후배 사이는 이름을 부르는 게 세이오의 오랜 전통이라고 했다.

한눈에도 곱게 자란 듯 우아하고 얌전한 노부인이었다.

"그럼 나나코하고는 서클에서 만났군요?"

우리는 도코노마가 있는 전통식 응접실에서 마주보고 앉았다.

"아, 네. 나나코하고는 중학교 때…… 그, 그때부터 가끔 집에 놀러도 가고……."

나는 더듬거리며 거짓말을 하는 시오리코 씨의 모습에 진땀을 흘렸다. 처음 만난 상대라 긴장한 탓도 있었지만, 말투 때문에 더욱 수상해 보였다.

"그래서, 일전에 놀러 갔을 때, 시, 신야가 자기가 모은 책을 팔고 싶다고 해서 저희 가게에 가져오라고 했어요. 그랬더니 옛날 만화를 몇 권 가져왔는데……."

책이라는 단어가 나오자마자 딴사람처럼 말이 술술 쏟아졌다. 나는 몰래 안도의 한숨을 내쉬었다. 갑자기 발동이 걸린 것도 이상했지만, 방금 전보다는 훨씬 낫다.

"아, 그래서 걔가 승낙서를 써달라고 찾아온 거구나."

"네, 들었어요. 번거롭게 해서 죄송합니다……. 그때 매입하지 않은 책은 신야 군에게 돌려줬는데, 제 실수로 다른 책을 줘서 오늘 아침에 황급히 연락을 했거든요. 그런데 집에 없다고 하고, 연락도 되지 않아서."

이 부분이 가장 위험한 부분이었다. 실제로 마카베 신야는 집에 있었다. 확인 전화라도 하면 금방 들통 날 일이다. 하지만 아이카와 나미에는 우리를 안쓰럽게 여기듯 미간을 살짝 찌푸린 채 고개를 끄덕일 뿐이었다.

"그 만화책을 찾아서 다른 손님에게 보내드려야 하거든요. 나나코가 신야 군의 방을 찾아봤는데 못 찾았다고 하더라고요. 하는 수 없이 실례를 무릅쓰고 이 댁을 찾아온 거예요."

시오리코 씨는 고개를 숙였다. 나도 따라서 고개를 숙이며 슬쩍 상대의 안색을 살폈다.

"……그 책인가?"

아이카와 나미에는 그렇게 중얼거렸다.

"아세요?"

"저번에 우리 집에 들렀을 때 자기는 필요 없다면서 쓰레기통에 버렸거든요."

우리는 숨을 삼켰다.

그로부터 일주일이 지났다. 이미 버렸을지도 모른다.

"잠깐만요."

아이카와 나미에는 고령인데도 날렵하게 일어나 밖으로

나갔다. 그리고 금방 돌아와 낡은 만화책을 테이블에 올려 놓았다.

어깨에서 힘이 쭉 빠졌다.

챔피언 코믹스 판『블랙잭』4권.

표지에는 '데즈카 오사무 만화인생 30주년 기념 작품' 이라고 인쇄되어있었다.

"신야가 버린 걸 주워뒀어요."

듣던 대로 상태는 좋지 않았다. 두툼한 투명 비닐로 표지를 쌌는데, 누렇게 변색되어 쪼글쪼글했다. 그 탓에 책 표지에까지 주름이 졌다.

"……잠깐 보겠습니다."

시오리코 씨가 책을 들어 책장을 넘겼다. 책입은 새까맸고, 책장도 찢어진 곳이 있었다. 자세히 보니 책장 안쪽, 책등에 가까운 부분에 실로 보강을 해두었다. 책장이 떨어져 나가는 걸 방지하기 위해서이리라. 대체 얼마나 읽은 걸까. 너덜너덜하다는 말로도 부족했다.

마지막 장의 간기면을 보니 1975년 3월에 발행된 초판이었다. '우즈라서방' 이라는 상호가 들어간 가격표가 붙어있었다. 주소는 가나가와현 요코하마시 이소고구 히사키정. 마카베 신야가 말한 주소였다.

'어……?'

가격을 보고 잘못 본 줄 알았다. 60엔.

원래 가격은 그게 아니었던 것 같지만, 두꺼운 펜으로 지우고 새로 붙였다.

아무리 상태가 나쁘다고 해도 너무 저렴하지 않나?

그 밖에도 이상한 점이 있었다. 가격표의 여백에 작은 정正자가 연필로 빼곡하게 적혀있었던 것이다. 공간이 부족했는지 가격표 밖까지 튀어나왔다.

이게 대체 뭐지?

시오리코 씨에게 물어보고 싶었지만 아이카와 나미에가 있어서 입을 다물고 있을 수밖에 없었다. 우리는 지금 '가게에 원래 있던 만화책'을 찾으러 온 사람들이다. 처음 본 사람처럼 행동하는 건 의심을 살 수가 있다.

사소한 건 나중에 물어보면 된다. 좌우지간 마지막 4권도 무사히 되찾았다. 하지만 아내가 생사를 넘나들고 있는 상황에서 차를 세우고 살 만한 책처럼 보이지는 않는데.

"감사합니다. 이 책이 맞아요. 그런데 어떻게 따로 보관해두실 생각을 하셨나요?"

시오리코 씨가 물었다. 분명 쓰레기통에서 주웠다고 했다.

"이 만화책 4권을 딸애가 무척 아꼈거든요. ……귀한 책이죠?"

거기까지 알고 있었나.

아이카와 나미에는 시오리코 씨의 눈동자를 지긋이 바라보았다.

"신야가 무슨 사고를 쳤죠?"

질문이 아니라 확인이었다. 시오리코 씨의 낯빛이 달라졌다. 겉으로 보이는 것처럼 우아한 노부인의 모습만 가진 건 아닌 것 같았다.

"이런 옛날 만화를 가지고 있다는 얘긴 들은 적이 없어서 조금 마음에 걸렸거든요. 분명 신야 물건이 아닌 게죠."

이 부인은 이미 진상을 파악하고 있는 것이다. 시오리코 씨는 조용히 책을 덮었다.

"제 입으로 자세히 말씀드릴 수는 없어요……. 저는 단지 책을 찾아달라는 부탁을 받았을 뿐이에요."

"괜찮아요, 내가 그때 물어봤어야 했어요. 애들한테는 통 싫은 소리를 못 해서…… 딸애한테는 엄하게 대했는데."

주름진 입가가 파르르 떨렸다.

"따님이 아끼던 책이라고 하셨죠. 그게 언제쯤인가요?"

"중학생 때였어요. 나나코 아빠가…… 그때는 아직 결혼 전이었지만, 사위가 딸에게 선물한 책이었어요. 어렵게 구했는데 자기에게 선물했다며 나한테 보여주더군요. 난 만화를 보지 않아서 그 책의 가치를 몰랐지만."

"마카베 씨…… 나나코 씨의 아버님도 같은 책을 가지고 계세요."

"어머, 계속 보관했나 보네요. 딸도 답례로 같은 만화책을 선물했어요. 요코아마의 고서점이라는 고서점은 다 뒤져서. 어릴 때부터 둘이 정말 사이가 좋았죠."

무거운 납덩이가 가슴을 짓누르는 것 같았다.

두 권씩 있던 그 4권은 각자 구입한 책이 아니었다. 같은 데즈카 오사무 팬인 소년소녀가 서로에게 준 선물이었다. 부부에게는 정말 중요한 의미가 있는 책이었던 것이다.

이 4권 초판본에도 깊은 의미가 감춰져있을지도 모른다. 단순히 초판이 갖고 싶어서 구입했을 리는 없다.

"시오리코 씨라고 했죠. 딸애와…… 미카하고 만난 적이 있나요?"

"아뇨, 아쉽게도 한 번도 못 뵈었어요. 하지만 데즈카 오사무 만화를 좋아하셨다는 이야기는 들었어요. 그 인연으로 남편 분과 만나셨다고요."

"맞아요."

노부인의 표정이 환해졌다. 목소리까지 젊어진 것 같았다.

"팬클럽까지 가입했었죠. 용돈으로 만화책만 사들여서. 당시에는 나도 잔소리를 했지만, 한 귀로 흘려버리더군요. 나나코 아빠하고도 그 팬클럽에서 만나서 만화 그림이 그려진 엽서를 주고받았어요. 아, 저번에 정리하다 한 장을 찾았어요. 가져올게요."

말릴 틈도 없이 아이카와 나미에는 방을 나갔다. 다시 나타난 그녀의 손에는 한 장의 낡은 엽서가 들려 있었다.

"거실 책 사이에 끼워져있더라고요."

시오리코 씨가 엽서를 받아 들었다. 받는 사람은 아이카와 미카, 보내는 사람은 마카베 료타였다. 중고생의 글씨체 치고는 잘 쓴 글씨였다. 소인은 1983년 7월 20일. 여름방학 직전이었다.

엽서를 뒤집자 한가운데에 돼지 비슷한 캐릭터가 그려져 있었다. 데즈카 오사무의 만화에서 자주 본 것 같다. 하지만 미술 데생을 연상시키는 묘하게 사실적인 터치였다.

일러스트 주변에 글씨가 적혀있었다.

> 부탁한 실사 누더기 표주박데즈카 작품 곳곳에서 등장하는 캐릭터을 그려봤어. 그리고 'S'가 실린 4권을 전에 통화할 때 말한 이소고에 있는 가게에서 발견했어. 잠깐 서서 읽었는데 초판이더라고. 다음 주에 같이 가자.

나는 고개를 갸웃거렸다. 'S'란 '식물인간'을 말하는 것이리라.

그렇다는 건 이소고에 있는 가게가 이 4권을 팔았다는 우즈라서방인가? 5년 전 마카베 나나코의 아버지가 이 가게에 들른 건 이때 읽었던 초판을 구입하기 위해…….

'……그럴 리가 있나.'

30년이나 지난 이야기다. 그로부터 20년 동안 같은 4권이 계속 그 자리에 남아있었을 리가 없다. 무엇보다 초판을 판매하고 있었다면 왜 두 사람은 그 책을 사지 않은 것일까? 그들이 서로 주고받은 책은 모두 증쇄판이었다.

"멋진 엽서네요."

시오리코 씨가 미소 지으며 말했다.

"다른 엽서는 없나요?"

아이카와 나미에의 얼굴에 그늘이 드리웠다. 마음을 정리하듯 앙상한 손을 테이블 위에 가지런히 포갰다. 깔끔하게 정리한 손톱이 눈에 들어왔다.

"……남편이 버렸어요. 딸이 집을 나가고 나서. 그 애가 아끼던 데즈카 오사무의 만화책은 물론, 필기도구나 이런 엽서까지. 만화가 들어간 물건은 죄다 버려버렸죠."

"아…… 너무해요."

시오리코 씨는 그렇게 말한 뒤 금방 죄송하다고 고개를 숙였다.

"아니에요. 남편은 둘이 사귀는 것도 반대했어요. 장차 직접 고른 남자에게 시집보낼 작정이었겠죠. 그때는 정말 보수적이고 고집불통이라 딸에게 배신당했다는 마음이 컸을 거예요. 그래서 우리 집에는 딸애 물건이 거의 없어요. 그 애가 가지고 나간 것 말고는."

나는 중복된 『블랙잭』 만화책을 떠올렸다. 그건 아이카와 미카의 수집품 중 일부였던 것이다.

"남편만큼은 아니지만 나도 꽉 막힌 옛날 사람이었어요. 학생 때 사귀는 건 그렇다 쳐도, 결혼은 좋은 집안의 신랑감하고 하길 바랐죠……. 남편이 딸애 물건을 버렸을 때도 크게 반대하지는 않았어요."

노부인의 목이 움찔거렸다.

"그 애가 집을 나갔을 때 남편 몰래 화장대하고 서랍장을 사줬어요. 번듯한 혼수는 못해줘도 이 정도는 해줘야겠다고 생각했죠. 그걸로 어미 노릇을 했다고 믿었어요. 하지만 실제로는 그 애 생각은 요만큼도 안한 거예요. 신접살림을 차린 그 좁은 자취방에 가구를 들여놓기 위해 딸애는 아끼던 만화책을 두고 갈 수밖에 없었어요."

노부인은 열에 달뜬 사람처럼 이야기를 계속했다. 낮은 목소리 속에서도 주체할 수 없는 감정이 꿈틀거리는 게 느껴졌다.

"지금도 밤중에 자다가 깨면 이런 생각을 해요. 그때 왜 책장을 사주지 않았을까. 바보 같은 생각이죠? 하지만 그랬으면 딸애는 아끼던 물건을 잃지 않았을 텐데 하는 생각에……."

말을 잇지 못하고 눈시울을 붉혔다. 분명 다른 가족들에게는 말 못한 채 가슴에 응어리처럼 맺혔던 감정이리라. 그것이 사소한 계기로 흘러넘친 것이다.

"……나미에 선배님."

상대의 감정이 가라앉기까지 기다렸다 시오리코 씨는 조심스레 말을 걸었다.

"그 화장대와 서랍장은 지금도 안방에 있어요. 버려진 책과는 다른 의미로 소중히 여기셨을 거예요. 헤어질 때 부모에게 받은 선물은, 자식에게 특별한 의미를 가지니까요."

시오리코 씨가 자기 이야기를 한다는 걸 알았다.

행방을 감춘 어머니가 두고 간 사카구치 미치요의 『크라크라 일기』를 그녀는 한 번 버렸지만, 그 뒤에 갖은 수단을 동원해 찾으려 했다.

"딸은 우리가 제 소중한 물건을 버린 걸 화내지 않았어요. 사위도 지나간 일이라며 아무 말 하지 않았죠. 남편은 이제 몸도 마음도 약해져서 그 애들과 무슨 일이 있었는지 정확히 기억하지 못해요. 하지만 나는 똑똑히 기억해요."

노부인은 자세를 바로하고 시오리코 씨와 눈을 맞췄다. 이미 눈물 자국은 찾아볼 수 없었다.

"그렇게 화해할 거면 처음부터 그 난리를 치는 게 아니었어요. 그 애와 왕래가 없었던 3년…… 그 시간을 허투루 써버렸잖아요. 시간은 한정되어있는데, 아무도 알아채지 못했죠. ……나는 그 사실을 앞으로도 절대 잊지 않을 거예요."

한동안 우리는 침묵에 귀를 기울이고 그녀의 말뜻을 곱씹었다. 이내 시오리코 씨가 조용히 고개를 숙였다.

"시간 내주셔서 감사합니다. 저희는 이만 가보겠습니다."

책을 챙긴 시오리코 씨는 지팡이를 짚고 천천히 일어났다.

"이제 어쩌죠?"

나는 복도로 나와 작은 소리로 물었다.

"……나나코 씨와 신야 씨를 만나야겠어요. 지금 들은 이야기로 모든 게 밝혀졌어요."

9

우리가 마카베 남매의 집을 찾은 건 저녁나절이 다 되어서였다. 나나코가 학교에서 돌아올 때까지 기다리다 보니 어느덧 이런 시간이 되었다.

지난번과는 달리 우리는 거실에 있었다. 2층에서 내려온 마카베 신야는 여전히 못마땅한 표정이었지만, 그래도 말없이 소파에 앉았다.

시오리코 씨가 테이블 위에 아이카와 나미에에게 받아온 『블랙잭』 4권을 올려놓자 더욱더 표정을 구기며 혀를 찼다.

"……분명히 버렸는데."

"외할머니가 주워놓으셨대요. 이런 일은 두 번 다시 하지 마세요. 이 4권은 아버님뿐 아니라 어머님에게도 소중한 책이니까요."

"어디가? 아버지가 마음대로 사온 이 더러운 만화책이?"

"아뇨. 30년 전, 두 분의 부모님이 아직 10대였을 때 같이 읽었던 추억의 책이에요. 이 초판으로 '식물인간'의 내용을 확인한 뒤, 두 분은 서로 구판 4권을 사서 선물했죠."

시오리코 씨는 가방에서 엽서를 꺼내 만화책 옆에 두었다. 아까 아이카와 나미에게 빌려온 엽서였다.

"당시 아버님이 어머님에게 보낸 엽서에요. 여길 보세요."

직접 그린 누더기 표주박 실사가 그려진 뒷면을 보이자, 남매는 동시에 몸을 내밀었다.

"아버지가 이런 엽서를…… 몰랐어요."

마카베 나나코는 눈을 휘둥그레 떴다.

하지만 문제의 동생은 금방 관심을 잃은 듯, 소파에 털썩 기댔다.

“이게 무슨 증거라는 거야? 이 엽서에 있는 4권은 5년 전에 아버지가 산 이 책하고는 다른 책이잖아.”

“아뇨, 바로 그 책이에요.”

시오리코 씨는 주저하지 않고 딱 잘라 대답했다.

“그게 말이 돼? 30년 전 얘기잖아. 그때는 뭔가 사정이 있어서 못 샀겠지. 그래서 둘 다 다른 4권을 산 거고. 이게 아님 어떻게 설명할 건데? 당신도 참 머리 안 돌아가네.”

마지막 말을 제외하고는 내 생각도 신야와 같았다.

30년 전과 5년 전, 같은 가게에 같은 책이 있을 리가 없다. 쉽게 구할 수 없는 값비싼 희귀본이라면 또 몰라도, 이 『블랙잭』은 아무리 생각해도 그런 책이 아니다. 오히려 가장 먼저 처분할 정도로 상태도 나빴다.

“아니에요. 그때는 다른 이유가 있어서 못 샀던 거예요. 애당초 이 가게에서는 4권을 판매하지 않았어요.”

마카베 신야는 말문이 막힌 듯했다. 시오리코 씨는 계속해서 말을 이었다.

“엽서 내용을 잘 보세요. 4권을 찾았다, 서서 읽었다, 같이 가자고 했을 뿐 그곳이 고서점이라는 말은 한마디도 없잖아요."

"뭐? 이 책에도 가게 이름이 찍혀있잖아. 나도 거기 간판을 봤어. 오래된 만화책이 있는 서방이 고서점이 아니면 무슨 가게인데?"

시오리코 씨는 침착한 표정으로 소년을 향해 손가락 세 개를 세웠다.

"간단해요. 30년 전 책이 그대로 있을 가능성이 있다, 이름에 책방이 들어가지만 책은 팔지 않는다. 책 상태가 너무 나쁘다……."

설명할 때마다 하나씩 손가락을 접더니, 마지막으로 결론을 말했다.

"대본소貸本所예요."

그 자리에 있던 모두 말을 잃었다.

나 역시 들어는 봤지만 실제로 본 적은 없다. 오래 전에 유행했던 가게 아닌가?

"이름 그대로 책을 빌려주는 가게예요. 업종 자체는 에도 시대부터 있었지만, 일본에서 그 수가 폭발적으로 증가한 건 1950년대였죠. 주로 대여하던 책은 만화나 잡지, 오락소설 등 당시에는 대본소용 출판사도 꽤 많았다고 해요.

그 뒤에는 시대의 변화에 따라 점차 줄어들었고, 현재는 개인이 경영하는 대본소는 거의 남아있지 않죠. 이 우즈라서방은 정말 오래 버틴 편이에요. 5년 전까지 영업했으니까요."

시오리코 씨는 『블랙잭』 4권을 펼쳤다.

"표지에 두꺼운 비닐을 씌우거나, 책장이 뜯어지지 않게 실로 보강한 건 대본소에서 자주 쓰던 수법이에요. 많은 사람들이 본다는 점을 염두에 둔 거죠."

"하지만 가격표가 붙어있잖아요. 여기."

나는 참다못해 그렇게 말했다. 간기면에 60엔이라는 도장이 찍힌 이상한 가격표가 붙어있었다.

"이건 대여료를 말하는 거예요. 폐점할 즈음에는 하루에 60엔이었나 봐요. 가격을 지운 흔적이 있는 건 시대에 맞춰 조금씩 올렸기 때문일 거예요."

"가격 밑에 있는 '정' 자는 뭡니까? 수가 엄청난데."

"아마 대여된 횟수겠죠. 어떤 책이 얼마나 인기가 있는지 알아보기 위한 장치일 거예요."

손님이 빌릴 때마다 가게에서 표시했다는 건가. 이 『블랙잭』 4권은 그만큼 많은 사람들에게 읽혔던 것이다. 분명 그중에 어린 시절의 마카베 부부도 있었으리라.

"대본소는 고서점을 겸업하는 경우가 많았다고 들었는데, 이곳은 대본소만 경영했던 모양이에요. 영업했을 때 가봤으면 좋았을 텐데……. 제가 무지했어요."

시오리코 씨는 분한 듯 아랫입술을 깨물었다. 지역의 모든 고서점을 제패한 이로서 못내 아쉬운 모양이었다.

"정말 거기가 대본소였다면 왜 그때는 책을 팔았던 건데? 이상하잖아."

마카베 신야가 『블랙잭』을 가리키며 말했다. 듣고 보니 그랬다.

"가게를 정리할 때 대본소에서는 대여하던 책을 싸게 처분하기도 해요. 신야 군과 아버님은 때마침 그때 가게 앞을 지나갔던 거고요. 아버님에게는 먼 옛날 아내와 둘이 읽었던 추억의 만화책이 눈앞에 있던 거잖아요. 냉정을 잃은 것도 당연하죠. ……만일 아내가 본다면 마지막으로 의식을 회복할지도 모른다, 그런 한 줄기 희망을 가졌던 게 아닐까요."

분명히 그런 사정이 아니라면 이렇게 상태가 나쁜 책을 일부러 구입할 이유가 없다. 아내보다 자기 취미를 우선시한 게 아니었던 것이다. 오히려 아내를 위한 행동이었다.

소년은 멍하니 소파에 앉아있었다. 아직 마음 정리가 되지 않은 것 같았다.

"이 4권에 실린 '식물인간'을 읽어봤나요?"

시오리코 씨의 물음에 신야는 눈을 치켜뜰 뿐 대답하지 않았다. 읽지 않은 것 같았다. 지난 며칠, 4권의 행방을 쫓았던 나 역시 읽어볼 기회가 없었다.

"바다에서 사고를 당해 의식불명의 중태에 빠진 어머니와 아들의 이야기에요. 한 달 동안 뇌파에도 아무 반응이 없어서 회복할 가망이 없다는 진단을 받았죠."

소년의 안색이 달라졌다. 자신의 어머니를 떠올린 것이리라. 어쩌면 그의 아버지도 같은 생각을 했을지도 모른다.

"하지만 블랙잭은 그 진단에 이의를 제기하며 아들과 어머니의 뇌를 전극으로 연결하는 수술을 시도해요. 만일 어머니의 뇌가 조금이라도 살아있다면 어떠한 반응을 보일 테고, 그 반응이 아들의 뇌에 전달될 가능성이 있다……. 블랙잭은 거기에 희망을 걸었어요."

"뇌사한 사람은 눈을 뜨지 않아."

그는 힘없는 소리로 중얼거렸다.

"……다 지어낸 이야기잖아."

"맞아요. 이건 지어낸 이야기에요."

시오리코 씨는 순순히 인정했다. 상대는 놀란 눈치였다.

"뇌의 활동이 완전히 정지하면 인간은 되살아날 수 없어요. 신야 군 말대로 이건 픽션이에요. 하지만 이 이야기의 결말이 궁금하지 않나요?"

마카베 신야는 잠시 허공을 바라보다 시오리코 씨의 손에 들린 『블랙잭』을 보았다. 그리고 못이 박힌 듯 거기서 시선을 떼지 않았다.

"지어낸 이야기 안에만 담을 수 있는 마음도 있는 거예요. 만일 세상 모든 게 현실이라면, 이야기가 존재하지 않는다면, 우리 인생은 너무나 쓸쓸할 거예요……. 현실을 풍요롭게 만들기 위해 우리는 이야기를 읽는 거예요. 분명 신야 군 아버님도 그러셨을 테고요."

시오리코 씨는 『블랙잭』을 내밀었다. 잠시 망설인 끝에 마카베 신야는 그 책을 받았다.

"아버님이 돌아오시면 꼭 대화를 나눠봐요. 어머님 얘기, 자기 얘기…… 그 만화 얘기도."

"……아버지는 그런 얘기 안 들어줄 거야."

"그건 신야 군 자신에게 달렸어요. 자기 생각이 정확히 전달될 때까지 말해본 적이 있나요?"

4권을 만지작거리던 마카베 신야의 손이 멈췄다.

"아버님이 엄한 분이라 해도 서로의 의사를 주고받는 게 얼마나 중요한 일인지 아실 거예요. 그 만화책에 그려진 이야기를 소중히 여기시는 분이니까요. 잘 말하면 분명 서로 이해할 수 있을 거예요."

아주 잠깐이었지만 소년은 고개를 끄덕였다.

마카베 남매의 집에서 나왔을 무렵에는 이미 해가 저물

고 있었다. 지팡이를 짚은 시오리코 씨의 걸음에 맞춰 천천히 요코다이 역으로 걸어갔다.

집에서 나온 지 얼마 되지 않아 여행 가방을 든 키 큰 중년 남자와 마주쳤다. 이마는 훤했지만, 신경질적인 생김새가 마카베 신야와 판박이였다.

걸으면서 돌아보니 그는 방금 우리가 나온 대문을 열고 있었다. 오늘이 출장에서 돌아오는 날이었던 모양이다.

"……저분하고는 결국 한 번도 말해보지 못했네요."

그런데도 좋아하는 만화 취향이나 아내와의 만남, 그림 그리는 재능까지 다양한 사실을 알게 되었다. 뭔가 이상야릇한 기분이었다.

모두 책을 통해, 그 책의 수수께끼를 푼 시오리코 씨를 통해 알게 된 일들이었다.

"저 가족, 괜찮을까요?"

"분명 잘될 거예요."

시오리코 씨의 목소리는 밝았다. 나 역시 같은 생각이었다. 아들이 안고 있는 문제에 대해서는 가족 모두가 함께 답을 찾아내리라.

"역시 시오리코 씨는 굉장해요."

"……뭐가요?"

"『블랙잭』 구판을 세 권 모두 찾아낸 데다 어째서 전부

다섯 권인지까지 밝혀냈잖아요. 나라면 절대 해결하지 못했을 겁니다. 이쪽을 본업으로 삼아도 되지 않을까요?"

농담으로 한 소리였는데 답은 없었다.

순간 거센 바람이 불어와 긴 검은 머리가 마치 생명이 깃든 생물처럼 꿈틀거렸다. 안경테에 걸린 머리를 풀기 위해 그녀는 멈춰서서 안경을 벗었다.

초점이 맞지 않는 커다란 눈동자가 나를 뚫어져라 바라보았다.

"얼굴에 뭐 묻었습니까?"

"……다이스케 씨가 옆에 없었으면 이런 일은 안 했어요."

"네?"

"만일 혼자였다면 이런 일은 처음부터 안 받았다고요."

시오리코 씨는 뾰로통한 목소리로 그렇게 말하더니 서둘러 안경을 썼다. 눈가가 살짝 발그레했다.

다시 걸음을 옮기며 나는 그 말이 일전에 했던 질문의 답이라는 걸 깨달았다.

내가 없었어도 이런 의뢰를 받았을 거냐는 질문.

왜 지금 여기서 대답한 걸까. 타이밍을 영 알 수 없는 사람이다.

하지만 확실히 알게 된 것도 하나 있었다.

시오리코 씨는 무슨 일이든 어영부영 넘어가는 사람이

아니다. 시간이 걸려도, 묻는 말에는 꼭 대답해주는 사람이다.

그러니까 내 고백에도 반드시 대답을 줄 것이다.

벌써 5월도 반이나 지났다. 약속한 날까지 앞으로 2주 남았다.

단장 2

오누마 단 『검은 손수건』 (소겐추리문고)

퇴근 후, 요코하마 역에 내린 나는 서쪽 출구 바로 앞에 있는 프랜차이즈 카페에 들어갔다. 텀블러를 가져오면 할인을 해주기 때문에 그다지 싼 가격이 아닌데도 요즘 자주 들르는 곳이다.

입구가 잘 보이는 좌석을 확보하고 스마트폰으로 시간을 확인했다. 약속 시간까지 아직 꽤 시간이 남았다. 하는 수 없이 가방에서 문고본을 꺼내 테이블에 올려놓았다.

통로 건너편 테이블에는 비슷한 또래이거나 나보다 조금 어린, 나와 비슷한 머리스타일의 여자가 앉아있었다. 뿐만 아니라 옷차림까지 비슷했는데, 자기 텀블러로 커피를 마시고 있었다. 문고본이 테이블에 없다는 점을 제외하고는 거울에 비친 것처럼 꼭 닮았다. 나처럼 영업직으로 일하는 걸까. 퇴근길에 잠깐 쉬러 들른 모양새였다.

많이 피곤해 보이는데 괜찮을까? 그런 생각을 하며 힐끔거리는데 도넛과 커피를 든 훤칠한 남자가 나타났다. 친근감은 순식간에 사라졌다. 남자친구와 같이 와서 주문하는 동안 자리에 혼자 앉아있던 것뿐이었다. 남자가 종이 냅킨을 건네자 여자는 반짝이는 눈으로 고맙다고 말했다.

그렇게 좋아할 일인가? 그냥 냅킨이잖아.

삐뚜름한 웃음을 문고본으로 가리고 나는 문장을 읽어 내려갔다. 어울리지 않는 '로이드 안경(그러고 보니 이건 무슨 안경이지?)'을 쓴 젊은 여교사가 주변에서 일어나는 작은 사건을 차례차례 해결하는 소설이었다. 재미있기는 했지만 주인공 여자가 무슨 생각을 하는지 나는 도통 이해할 수 없었다. 아는 사람이 빌려준 책이었다.

"어머, 오누마 단의 『검은 손수건』이네!"

머리위에서 소리가 들렸다. 눈을 들자 오른손에 지팡이를 짚은 긴 머리 여자가 서있었다.

하얀 블라우스와 체크무늬 티어드 스커트 위에 녹색 봄 코트를 걸쳤다. 살짝 물이 빠진 남색 캔버스 가방을 제외하고는 비교적 정상적인 복장이었다. 오늘은 화장도 했다. 이렇게 꾸며놓으니 역시 예뻤다.

"인사를 해야지, 만나자마자 작가하고 책 제목을 외치는 게 뭐니?"

"나도 좋아하는 책이라, 네가 읽는 거 보니 반가워서……. 아, 안녕."

"안녕, 시오리코."

나는 『검은 손수건』을 덮었다.

"일찍 왔네?"

"약속시간보다 일찍 도착했길래, 서점에서 책을 사 여기서 읽으려고 했어."

나와 비슷했지만 들고 있는 책의 양은 딴판이었다. 색색의 서점 커버를 씌운 문고본으로 가득 찬 가방은 금방이라도 터질 것 같았다. 다이아몬드 지하 상점가의 서점에 들른 것이리라.

오늘 먼저 술이나 한잔하자고 부른 건 시오리코였다. 하루 이틀 본 사이가 아니기 때문에 중요한 이야기를 하려는가보다 대충 짐작하고 있었다. 나도 할 이야기가 있다.

"어머니하고 연락하고 있는 게 너지?"

중요한 이야기를 난데없이 시작하는 건 시오리코의 오랜 버릇이었다.

"역시 그 얘기 할 줄 알았어."

나는 쓴웃음을 지었다.

“어떻게 알았어?”

“갑자기 가게로 찾아와서 그런 부탁을 하는 게 이상하잖아. 지금까지 다이스케 씨가 있을 때는 안 왔으면서.”

“그건…… 사귀네 마네 하며 우물쭈물하는 게 보기 싫어서.”

나는 작년 크리스마스 직전에 5년을 사귀었던 남자친구와 헤어졌다. 원인은 생각하기도 싫다.

연말연시에 같이 마셨을 때, 시오리코가 ‘고우라 씨’라고 부르던 새 아르바이트생을 ‘다이스케 씨’라고 부르는 걸 알아챈 나는 희미하게 풍기는 연애 냄새에 내심 풀이 죽었다. 친구의 행복을 질투할 만큼 인간 말종은 아니었지만, 굳이 보러갈 마음은 들지 않았다.

“지진이 일어난 지 얼마 지나지 않아 지에코 아주머니가 날 찾아왔더라고. 애들하고 가게가 어떤지 궁금하니까 좀 가서 봐달라고. 가게에 한동안 안 들렀는데 갑자기 찾아가면 이상하지 않겠느냐고 둘러댔더니 그럼 책에 관련된 의뢰를 하면 된다고 설득하더라고……. 요새 그런 의뢰를 자주 받는다면서?”

시오리코에게는 말 안 했지만 지에코 아주머니와는 주로 이 카페에서 만났다. 이 자리에 앉았던 적도 있을지 모른다. 아주머니는 최근 시오리코가 책 내용뿐 아니라, 책 자체에 담긴 이야기나 소유자의 숨겨진 비밀에도 관심을 가지게 됐다며 즐거운 표정으로 말했다.

“하지만 그 아르바이트 청년과 함께하지 않으면 좀처럼 의뢰를 받지 않으려고 해.”

그때도 위화감이 들었다. 이를테면 ‘그 아르바이트 청년’에 대해 말할 때 지에코 아주머니의 눈이 전혀 웃지 않았다는 점.

좌우지간 나는 후배인 마카베의 의뢰를 가지고 비블리아를 찾아갔다.

“너한테 그 일을 부탁한 날부터 자주 메일로 상황을 물어보시더라고. 그제야 아주머니에게 넘어간 걸 알았지. 딸들과 가게 일이 걱정됐던 게 아니라 네가 그런 수수께끼를 푸는 걸 보고 싶어하는 걸. ……네 머리가 얼마나 좋은지 시험하려는 거지.”

시오리코는 말없이 듣고 있었다. 이미 짐작한 내용인 모양이다. 이럴 때 표정을 보면 지에코 아주머니를 꼭 빼닮았다.

옛날부터 나는 지에코 아주머니가 껄끄러웠다. 본심을 감춘 채 겉으로는 다른 소리를 하는, 그런 기척을 어린 마음에도 느꼈기 때문이리라.

“그게 싫어서 이젠 연락 안 해. 오늘 나도 전부 너한테 털어놓을 작정이었어. 미안해, 너 몰래 뒤에서 그런 짓이나 하고."

"아니야……. 네가 뭘 했다고 그래."

시오리코는 고개를 저으며 메마른 목소리로 말했다. 천장에 달린 조명을 받아 안경 렌즈가 이상하게 빛났다.

"그보다 어머니한테 연락해줄래? 내가 만나고 싶어한다고 전해줘."

"……왜?"

저도 모르게 목소리가 날카로워졌다.

지난 10년 동안 어머니를 만나고 싶다는 말 같은 건 한 번도 한 적 없다. 어머니 화제도 피해왔으면서, 이제 와서 왜?

"잘은 설명할 수 없지만 다이스케 씨에게 대답하기 전에 알아야 할 게 있어. 그러려면 어머니를 만나야……."

"이제 와서 뭘 알아야겠다는 건데? 그리고 너 아직도 답을 안 준 거야? 설마 했건만."

나는 두 손으로 테이블을 잡고 몸을 앞으로 내밀었다. 커피를 마시던 시오리코는 슬그머니 머그컵을 내려놓았다.

"너 그 사람 좋아하잖아. 아무리 둔해도 너도 알 거 아냐."

작년 겨울 즈음부터 시오리코의 입에서 나오는 건 함께

일하는 아르바이트 청년에 대한 이야기뿐이었다. 아야카에게 듣기로는 같이 일하자고 먼저 말을 꺼낸 건 시오리코였고, 도중에 그만뒀을 때도 일부러 찾아갔다고 했다.

어떻게 생각하느냐고 지금까지 몇 번을 물어도 곤란한 표정으로 고개를 갸웃거릴 뿐이었다. 둘이서 데이트(데이트라고 분명히 자기 입으로 말했다)까지 했으니 이제는 받아들인 줄 알았는데, 그러고 보니 본인 입으로 들어본 적이 없다.

시오리코는 새빨개진 얼굴로 머그컵을 내려다보았다. 고개를 끄덕인 건지 숙인 건지 알 수 없는 포즈였다.

"모르면 대답할 수 없는 일도 있어……. 어떤 답을 할지 정했더라도."

"그게 뭐야. 무슨 뜻인데?"

시오리코는 꿈쩍도 하지 않았다.

오랫동안 지켜봐온 나는 안다. 답을 피하는 게 아니라 정말 말로 표현할 수 없는 것이다. 한번 그렇게 느끼면 시오리코는 절대로 입에 담지 않는다.

나는 턱을 괴고 눈앞의 친구를 뚫어져라 바라봤다.

머리는 좋지만 맹한 구석이 있고, 내성적이고 고집불통에 세상살이에도 서툴다. 가끔 뭔가 비밀을 만들기도 한다. 하지만 고민할 때는 항상 진지했다. 얼버무리거나 적당히 둘러대지 않았다.

하는 수 없다고 생각하며 한숨을 쉬었다.

가르쳐줄 수밖에 없나.

"……네가 연락하고 싶어하는 걸 지에코 아주머니는 이미 알아."

마지막으로 이곳에서 만났을 때 나에게 그렇게 말했다. 날 이용한 것에 대한 사과는 전혀 없었고, 대신 『검은 손수건』을 줬다. 의미심장한 티를 내는 행동이 불쾌했지만, 의외로 재미있어서 버리지 못했다.

"하지만 쉽게 만나주지는 않을 것 같아. 꼭 만나고 싶으면 책에 관한 문제를 준비할 테니 그걸 풀어보라고 하셨어."

그 이야기를 들었을 때는 솔직히 진저리가 났다. 자기 딸이 만나고 싶다는데 그런 난관을 통과할 것을 요구하는 어머니가 세상 어디에 있단 말인가.

시오리코도 받아들일 리가 없다. 무엇보다 만나고 싶어한다는 이야기 자체가 의심스러웠다.

하지만 결국 내 착각이었던 모양이다. 지금 시오리코는 흥분한 표정으로 눈을 반짝이고 있었다. 기분이 고양되면 이 아이의 눈은 조금 푸르스름하게 빛난다.

"어머니한테 연락해. 어떤 문제든 풀겠다고."

살짝 소름이 끼쳤다.

이 이야기를 하던 지에코 아주머니 역시 같은 눈을 하고 있었다. 주변은 전혀 눈에 들어오지 않는 듯한, 예전부터 도저히 좋아할 수 없었던 그 눈빛.

나는 마카베 일을 비블리아에 의뢰한 것을 후회했다.

책에 관한 누군가의 고민을 고우라 씨와 반쯤 즐기는 기분으로 해결하는 건 상관없다. 하지만 책이란 소유자의 사고의 연장선상에 있다. 남의 머릿속을 너무 많이 알면 언젠가는 정신이 이상해질지도 모른다.

갑자기 가족도, 일도 다 버리고 홀연히 떠난 그 사람처럼.

"알았어, 연락할게."

나는 그렇게 말했다.

시오리코의 부탁은 거절할 수 없다. 지에코 아주머니가 그런 내 약점까지 꿰뚫어본 것 같아 짜증이 났다.

"하지만 내 생각엔 만나지 않는 게 좋을 것 같아……. 부디 조심해."

시오리코는 말없이 고개를 끄덕였다.

寺山修司『われに五月を』——作品社

03

나에게 5월을

데라야마 슈지

사쿠힌샤

데라야마 슈지 | 寺山修司, 1935~1983

일본의 시인이자 소설가, 극작가, 연출가 겸 영화감독. 이외에도 배우, 평론가, 작사가, 사진가 등으로서도 활동하여, 본인이 "직업은 데라야마 슈지"라고 할 만큼 다채로운 족적을 남겼다. 신선하고 탁월한 언어감각으로 '언어의 연금술사'라는 별명이 있기도 하다. 시와 단가, 하이쿠를 모은 『나에게 5월을』이 첫 단행본이다.

1

귀찮은 일은 꼭 가게 문 닫기 직전에 일어나는 것 같다.

나는 '에도가와 란포 전집' 이라 인쇄된 월보 다발을 서명이 끝난 봉투에 넣어 꼼꼼하게 봉했다. 이제 퇴근길에 편의점을 들러 발송만 하면 된다.

시계를 보자 저녁 8시였다. 물론 문 닫을 시간은 이미 지났다. 2시간 전쯤에 인터넷 통판으로 에도가와 란포 전집을 구입한 고객에게 클레임 전화가 왔다. 가는귀가 먹은 노인이라 대화하는 데 애를 먹었는데, 전집에 들어있어야 할 월보가 없다는 내용이었다.

사장인 시오리코 씨가 홈페이지에 목록을 올렸을 때는

분명히 월보가 있었다고 했다. 말인즉 내가 깜빡해서 발송할 때 빼먹은 것이다.

가게와 창고를 샅샅이 뒤져 간신히 찾아내서, 고객에게 연락해 사죄한 다음 발송 준비를 끝내니 이 시간이 되었다.

갑자기 예정에 없던 야근을 하게 되었지만 나쁜 일만 있었던 건 아니었다. 아야카가 저녁을 먹고 가라고 불러줬다. 안채에서 같이 식사하는 건 오랜만이었다.

지금 가게에는 나밖에 없다. 아까 시오리코 씨는 전화를 받더니 무선전화기를 들고 안채로 들어갔다. 문 너머에서 통화하는지 목소리가 희미하게 들렸다.

개인적인 전화 같은데 통화가 다소 길어지는 듯했다. 그런 생각을 하자마자 목소리가 뚝 끊기더니 지팡이를 짚은 시오리코 씨가 돌아왔다.

오늘은 옅은 빛깔의 데님 셔츠와 발목까지 오는 롱스커트 차림이었다. 안경은 항상 쓰는 수수한 검은 테 안경이었다. 일전에 물었더니 중학교 때부터 같은 안경을 쓴다고 했다.

"월보는 오늘 안으로 발송할 수 있나요?"

"퇴근길에 보내려고요. 죄송합니다."

"아니에요. 고생하셨어요."

시오리코 씨는 부드럽게 미소 짓더니 전화기를 충전기에

다시 꽂았다. 나는 무의식적으로 그녀의 일거수일투족을 눈으로 좇고 있었다.

이제 딱히 할 일도 없다. 실내 불만 끄면 된다.

시오리코 씨는 작은 먼지떨이로 옆에 있는 책장을 부산스럽게 쓸더니, 이내 뭔가 마음을 정한 듯 돌아보며 말했다.

"저기, 다이스케 씨."

"네?"

"지금 전화 말인데…… 검찰에서 온 전화예요."

"검찰이오?"

그녀는 고개를 끄덕였다.

"다나카 도시오의 변호사가 보석신청을 냈대요. 그걸 받아들일지 심의 중인데, 피해자인 제 상황도 보석 여부를 판단하는 데 고려 사항이라고요."

무의식중에 꼭 쥐고 있던 주먹을 천천히 폈다. 피해자도 아닌 내가 긴장하면 어쩌자는 거야.

"그놈이 풀려난다는 겁니까?"

"재판이 끝날 때까지만요. 물론 저와 접촉하는 건 금지될 거고, 본인도 그럴 생각은 없다고 했대요. 곧 할아버지 기일이라 복역하기 전에 찾아뵙고 싶다고……."

다나카 도시오가 할아버지를 존경하는 마음을 모르는 건 아니었다. 부모님이 거의 집을 비워서 할아버지 손에 컸다고 본인에게 직접 들은 적이 있다. 분명 그 집안의 가족묘는 하세에 있다고 했다.

"그래서 뭐라고 대답했습니까?"

"가게 근처에 오지 않으면 딱히 반대하지는 않겠다고요."

시오리코 씨가 그렇게 판단했다면 나로서는 할 말이 없었다.

"……그 얘기를 왜 저한테 한 겁니까?"

다나카 도시오의 재판에 대해 지금까지 거의 이야기한 적이 없었는데. 시오리코 씨는 입을 삐죽이며 책과 책 사이를 먼지떨이로 쓸었다. 불만이 있다기보다는 토라진 것 같았다.

"일전에 다이스케 씨가 그랬잖아요……. 자기 일을 너무 감춘다고. 듣기 싫으면 말 안 할게요."

그랬구나. 몸에서 힘이 빠졌다.

"아뇨, 듣고 싶어요. 말해줘서 고마워요."

솔직하게 말하자 그녀는 고개를 돌리고 청소를 계속했다. 기분 탓인지 입가에 미소가 번진 것 같았다.

말해준 건 고마웠다. 하지만 지금 내가 알고 싶은 건 그게 아니었다.

며칠 전에 다키노 류의 연락을 받았다. '말하지 말란 소리는 안 했으니까' 라며 시오리코 씨가 시노카와 지에코와 만나려 한다는 사실을 알려줬다. 내 고백에 답하기 전에 할 말이 있는 모양이었다. 어머니는 딸에게 조건을 걸었다. 자기가 내는 '문제'를 풀라는 조건이었다.

"시오리코를 시험할 작정이에요. ……이유는 모르겠지만."

이유라면 대충 짐작이 갔다. 지난 달, 『오시에와 여행하는 남자』의 수수께끼를 풀었을 때 시오리코 씨는 진상에 한 발짝 미치지 못했고, 모든 것을 확인하러 가자는 어머니의 제안도 거절했다.

그때 시노카와 지에코는 딸에게 실망을 느낀 것이 아닐까. 그래서 새삼 딸의 실력을 파악하려는 것이다. 자신의 동반자가 될 자격이 있는지를.

어쩌면 그날 이후로 이곳에 날아든 의뢰는 모두 지에코와 관련되어있을지도 모른다. 모든 게 시오리코 씨가 수수께끼를 풀도록 지에코가 손을 썼다 하더라도 난 놀라지 않을 것이다.

"당사자인 고우라 씨는 알아야 할 것 같아서요. 어떻게 할지는 그쪽한테 맡길게요."

다키노 류는 모녀가 만나는 걸 원치 않았다. 나도 무슨 일이 일어날까 불안했지만 그래도 시오리코 씨를 믿자고 다짐했다. 어쨌든 어머니와 만나지 못하면, 시오리코 씨는 내 고백에 답해주지 않을 테니까.

"저기……."

순간 문을 열고 포니테일의 소녀가 안채에서 얼굴을 내밀었다. 어떤 자세를 취하고 있는지 여기서는 머리밖에 보이지 않았다.

"일 아직 안 끝났어?"

"지금 끝난 참이야. 기다리게 해서 미안해. 저녁 먹자."

시오리코 씨가 동생에게 말했다.

"아니, 저녁은 둘째치고 아까부터 손님이 기다리고 계셔."

아야카는 나지막한 소리로 말했다.

"언니하고 저녁 먹으면서 이야기하기로 했다는데? 그런 약속을 했으면 나한테 말해줬어야지. 오늘은 반찬을 많이 만들어서 그나마 다행이지만."

"손님?"

나는 물었다. 처음 듣는 이야기였다. 하지만 당황한 건 시오리코 씨도 마찬가지였다.

"난 그런 약속한 적 없어. 네가 잘못 들은 거 아냐?"

"정말? 그럴 리가. 지금 집에서 저녁 먹고 있는데?"

소녀는 힐끗 안채를 돌아보며 말했다.

"전부터 우리 가게 단골이었대. 아빠랑 엄마하고도 친하게 지냈다는데? 엄마 소개로 책에 관련된 일을 부탁하러 왔대."

책에 관련된 일이라는 말에 귀가 쫑긋 섰다.

시노카와 지에코가 낸 '문제'일지도 모른다. 갑자기 의뢰인을 보내다니 예상치 못한 일이다.

"그럼 만나볼게."

시오리코 씨가 힘차게 선언하자 사정을 모르는 동생은 고개를 갸웃거렸다.

"어, 그래. 그리고 우리도 저녁 먹자."

"미안한데, 밥 좀 더 줄래?"

복도 끝에서 남자 목소리가 울려 퍼졌다. 늘어지는 듯하지만 묘하게 낭랑한 목소리였다.

"잠깐만요, 제가 드릴게요!"

도로 안채로 들어가려는 아야카를 시오리코 씨가 불러 세웠다. 방금 그 목소리에 짚이는 데가 있는 모양이었다. 어찌된 영문인지 얼굴이 잔뜩 굳었다.

"설마 안에 계신 손님이…… 가도노 스미오라는 분이야?"

"뭐야, 언니도 아는 사람이잖아."

시오리코 씨는 지금까지 본 적 없는 떫은 표정을 지었다.

패밀리 레스토랑에서 반쯤 먹은 파스타 접시로부터 거대한 날벌레가 나왔을 때도, 출장 매입을 나갔다 돌아오는 길에 반쯤 쓰러져가는 공중화장실에 어쩔 수 없이 들어갔을 때도 이런 표정은 짓지 않았다.

나는 조심스레 말문을 열었다.

"그게 누굽니까?"

"그 사람은……."

시오리코 씨는 힘없이 고개를 떨구더니 한숨 섞인 목소리로 대답했다.

"재작년, 제가 가게 출입을 금지한 사람이에요."

2

거실로 들어가자 도코노마를 등진 채 책상다리로 앉아있는, 티셔츠에 청바지 차림의 남자가 보였다. 밖에서 일하는 직업을 가진 듯, 근육질의 몸은 볕에 그을려있었다. 둥그런 눈동자가 인상적인 앳된 얼굴이었지만, 이마가 조금 벗겨진 걸 보면 30대 후반은 되어 보였다.

남자는 시오리코 씨와 눈이 맞자 바로 젓가락과 밥공기를 내려놓았다. 그리고 방석에서 내려와 바닥에 손을 모으더니 정중히 고개를 숙였다.

"……시오리코, 오랜만이야. 건강해 보여서 보기 좋네."

인사는 정중했지만 답을 듣지도 않은 상태에서 다시 식사를 시작하는 모습을 보면 보통내기는 아닌 것 같았다.

자리에 앉아 지팡이를 내려놓는 시오리코 씨를 보고 아야카와 나도 말없이 밥상 앞에 앉았다. 오늘 저녁은 가다랑어 숙회와 단호박 샐러드, 시금치 무침과 돼지고기 된장국이었다. 여전히 여고생의 솜씨라고는 믿을 수 없는 전통 가정식이었다.

"왜 가도노 씨가 저희 집에 계신 거죠?"

시오리코 씨가 쌀쌀맞은 목소리로 물었다. 화가 머리끝까지 났기 때문인지 평소의 내성적인 태도는 티끌만큼도 찾아볼 수 없었다.

"우리 가게에 다시는 찾아오지 말라고 말씀드렸을 텐데요."

가도노 스미오는 꿈쩍도 하지 않고 가다랑어 숙회를 한 번에 세 장이나 집었다.

"……가게에 오지 말래서 안채로 왔잖아."

"그걸 말이라고 하세요?"

시오리코 씨는 노골적으로 얼굴을 찌푸렸다. 이렇게까지 사람을 싫어하는 티를 내는 건 처음 봤다. 분명 뭔가 일이 있었던 것이다.

"……이 숙회도 맛있지만 단호박 샐러드도 죽이네. 혹시

잣도 넣었어?"

남자는 늘어지는 목소리로 아야카에게 말을 걸었다. 험악한 분위기를 견디지 못하고 아야카는 벌떡 일어났다.

"아, 그러고 보니 차를 내와야지."

부엌으로 들어가 문을 닫았다. 아마 밖에서 몰래 엿듣고 있을 테지만, 이제 한결 말하기 쉬워졌다.

"어머니 소개로 왔다는 게 사실인가요?"

시오리코 씨가 물었다. 이 남자를 내쫓지 않는 건 그 때문이리라.

"맞아. 좀 곤란한 일이 생겨서 말이야. 우연히 지에코 누님하고 만나서 조언을 구했더니 네가 도와줄 거라잖아."

"지에코 누님……?"

설마 친척인가? 친척이라고 하기에는 하나도 안 닮았는데.

"어머니와 아무 사이도 아니에요. 이런 사람하고 친척이라니 생각만 해도 끔찍해요."

시오리코 씨가 내뱉듯 말했다. 가도노 스미오는 진지한 표정으로 고개를 끄덕였다.

"굳이 이름을 붙이자면 동네 친구랄까? 우리 집 바로 옆에 미우라 씨 집이 있었거든. 가족끼리도 가깝게 지냈고."

"미우라는 어머니의 처녀적 성이에요."

시오리코 씨는 부루퉁한 얼굴로 그렇게 말했다.

결혼 전에는 미우라 지에코란 이름이었나. 처음 들었다.

"내가 철들었을 때는 이미 성인이었지만, 정말 예쁜 누나였어. 나나 우리 형들은 물론이고 그 동네 사내들은 모두 지에코 누님한테 반했을 거야. 결혼한다는 소식을 듣고 모두 대성통곡했지……. 벌써 30년이나 됐나."

남자는 손가락으로 셈을 하며 그렇게 말했다.

"나중에 노보루 씨를 만나보니 이해가 가더라고. 지에코 누나하고는 천생연분이었지. 아, 노보루 씨는 여기 전 사장님이야."

당황한 나를 보고 가도노 스미오는 그렇게 말했다. 듣자하니 시노카와 부부와 정말 가까운 사이였던 것 같다. 그런 사람이 왜 출입금지를 당했을까?

"나는 3형제인데, 내가 막내고 위로 형이 둘 있어. 큰형은 나처럼 책을 아주 좋아했어. 여기 단골이었지. 지에코 누님과 노보루 씨하고도 가깝게 지냈고. 두 달 전에 죽었지만."

"알아요. 저도 장례식에 다녀왔어요."

시오리코 씨가 굳은 목소리로 말했다.

"난 극단 빚이나 여러 가지로 큰형에게 신세를 많이 졌어. 그래서 유산은 포기하기로 했는데……."

“그랬죠. 그런데 그게 왜요?”

남자는 남은 된장국을 마시고 있었다. 이제 배가 찼는지 트림을 하며 두 손을 모았다.

“기억해? 큰형은 데라야마 슈지의 열렬한 팬이라 초판본을 많이 갖고 있었잖아. 나도 좋아하고.”

데라야마 슈지.

읽어본 적은 없었지만 이름은 들어본 적 있었다. 서점에 문고본이 진열되어 있는 걸 본 기억이 난다.

“……당연히 기억하죠.”

시오리코 씨의 눈이 더욱 매서워졌다.

“잘됐네……. 오늘 온 건 데라야마 슈지의 초판본 때문이야. 너도 상태가 좋다고 칭찬했던 『나에게 5월을』. 그러고 보니 지금이 딱 5월이네.”

“저기…….”

“미안한데 잠깐 화장실 좀 갔다 올게. 어딘지 아니까 걱정 마.”

아무도 걱정하지 않았지만, 가도노는 부산을 떨며 밖으로 나갔다. 말을 꺼낼 기회를 놓친 시오리코 씨는 불쾌한 표정으로 입을 꾹 다물고 있었다.

이 두 사람 사이에는 단순히 험악한 걸 넘어선 뭔가가 있다. 시오리코 씨의 태도는 ‘천적’인 어머니를 대할 때와도 조금 달랐다. 문제를 일으켜 가게에 출입금지를 한 것뿐이라면 이렇게까지 감정적인 모습은 보이지 않았으리라.

두 사람의 대화에서는 친밀함의 흔적이 느껴졌다. 가도노 스미오를 굳게 믿었기 때문에 지금도 화가 풀리지 않은 게 아닐까.

'설마…… 아니, 그럴 리가 없지.'

순간 머릿속에 떠올랐던 상상을 지워버렸다. 생각지도 못한 일을 벌이는 사람이지만 설마 가도노와 사귀었을 리는 없을 것이다. 아마 뭔가 다른 사이였으리라.

"데라야마 슈지는 어떤 사람입니까?"

나는 무난한 화제를 꺼냈다. 솔직히 그것도 궁금하기는 했다. 시오리코 씨의 표정이 그제야 풀어졌다. 책 이야기를 꺼낸 건 올바른 선택이었다.

"음, 한마디로 설명하기 어려운데……데뷔는 단가하이쿠와 더불어 일본의 전통적 시가를 대표하는 짧은 시로 했지만, 그 뒤에는 시인이나 시나리오라이터로도 활약했어요. 연극실험실 '덴조사지키'의 단장과 영화감독으로도 유명하죠. 해외에서도 높은 평가를 받았고요."

"본업은 뭐였습니까?"

"다양한 활동을 했고, 본업에 구애받지 않는 성격이었어요. '직업은 데라야마 슈지'라고 했을 정도니까요. 에세이스트로서의 활동도 널리 알려졌죠. 특히 『가출의 권유』나 『책을 버리고 거리로 나가자』 같은 책은 지금도 서점에서 쉽게 구할 수 있고요."

"『가출의 권유』는 본 적이 있어요."

내가 말했다. 제목이 인상적이라 기억에 남았다.

"무슨 내용입니까?"

"소년소녀 대상으로 연재된 에세이인데, 지금 봐도 꽤 도발적인 내용이었어요. 부모와의 관계를 외부에서 바라보고 자립하기 위해 가출을 해야 한다는 주장을 했죠."

제목 그대로의 내용이었던 모양이다. 중고등학교 시절, 나 역시 가족과 싸우고 가출을 진지하게 고민한 적이 있었다. 책을 못 읽는 체질만 아니었다면 분명히 읽었을 것이다.

"그 책을 읽고 가출하는 사람도 있었겠네요."

"네. 데라야마를 찾아온 가출청소년들이 제법 있었다고 해요. 40년 넘게 젊은이들에게 영향을 끼친 책이죠. 영향을 받았다는 핑계로 무책임한 짓을 하는 사람도 있었겠지만……."

시오리코 씨는 떫은 표정으로 복도를 보았다. 가도노 스미오가 신경 쓰이는 모양이었다. 그는 아직 화장실에서 돌아오지 않았다.

"말하기 싫으면 안 해도 됩니다만, 저 사람이 무슨 짓을 저지른 겁니까?"

침묵이 흘렀다. 시오리코 씨는 시선을 떨구고 두 손으로 안경을 고쳐 썼다. 안경테에서 틱 소리가 났다.

"아버지가 돌아가신 뒤에 거의 혼자 가게를 봤어요. 아르바이트를 구해도 금방 그만둬서……. 그때는 지금보다 훨씬 손님 대하는 게 서툴러서 손님들도 많이 줄었고요."

담담한 목소리로 시오리코 씨는 이야기를 시작했다. 아르바이트생이 참다 못해 도망쳤다는 이야기는 전에 들은 적이 있었다. 책 이야기만 나오면 터지는 그녀의 장광설을 견디지 못한 모양이었다. 아르바이트가 없었으니 시오리코 씨 혼자 접객까지 해야 했으리라.

"때마침 집에 있던 가도노 씨가 가게에 드나들기 시작했어요. 이렇다 할 직업 없이 형님 댁에 얹혀살았는데, 저한테는 아파서 요양 중이라고 했어요. 들어오는 물건이 없어서 애를 먹고 있다고 했더니 우리 가게에서 취급하는 책들을 매일 같이 가져다주는 거예요. 데라야마의 초판본도 그 중 하나였어요. 모두 상태가 좋아서 저희 입장에서는 큰 도움이 됐죠. 정말 고맙게 생각했는데……."

거기까지 말하더니 시오리코 씨는 다시 복도를 내다봤다. 가도노는 아직도 화장실에서 나오지 않았다. 일부러 자리를 비켜준 느낌이었다.

“얼마 뒤에 형님이 가게로 오셨어요. 아까 말했듯 저희 가게 단골이셨는데 그때 이미 몸이 좋지 않아서 저도 오랜만에 뵙는 거였죠. 때마침 진열되어 있던 데라야마 슈지의 초판본을 보여드렸더니, 놀란 표정으로 ‘이건 전부 내 책이에요’ 라고 하시는 거예요.”

부엌에서 삐익 하는 소리가 들렸다. 아야카가 물을 끓이는 모양이었다.

“그 사람이 훔친 겁니까?”

자연스레 목소리가 낮아졌다. 시오리코 씨는 고개를 끄덕였다.

“놀랍게도 형님 책뿐 아니라…… 그때까지 저한테 가져왔던 책들 중 대부분이 다른 가게에서 훔친 상품이었어요.”

식은땀이 등줄기를 타고 흘러내렸다. 이곳에 장물을 판매한 것이다.

예전 『최후의 세계대전』을 둘러싼 사건에서 장물을 매매한 경우 고서점의 법적 책임에 대해 들은 적이 있다. 장물인 줄 몰랐으면 ‘선의의 제삼자’ 가 되어 처벌받지는 않는다고 했다.

하지만 그렇다고 해서 아무 일도 없었던 것처럼 지나갈 수 있을 리가 없다.

"그래서 어떻게 됐습니까?"

"결국 경찰까지 불렀지만 가족 분들이 애쓰셔서 불기소 처분을 받았어요. 저는 가게에 있던 장물을 전부 주인에게 돌려줬고요. 형님이 피해를 입은 고서점을 돌며 배상하셨다고 들었어요. 저는 안 받았지만요."

나는 머릿속에서 사건을 정리했다. 도난 피해를 입은 다른 고서점에 상품을 돌려주고, 그러지 못한 곳들은 배상을 받았다는 이야기다. 비블리아 고서당은 사들인 장물을 고스란히 주인에게 돌려줬다. 그렇다면…….

"그럼 손해가 컸겠네요."

"아뇨, 모르고 판매한 장물도 있었으니까요. 그 돈에서 매입가를 제하면 적자였지만, 상품을 도둑맞은 곳에 비하면 극히 미미했죠. 장물인 줄 몰랐던 저한테도 책임이 있었으니까요.

어쨌든 그 일로 저는 가도노 씨가 다시는 가게에 발을 들여놓지 못하게 했어요. 가족 분들과도 거의 연을 끊었다고 들었고요."

시오리코 씨가 그런 태도를 보인 것도 이해가 갔다. 믿었던 상대에게 뒤통수를 맞았으니 그만큼 배신감도 컸겠지.

그때 화장실 물 내리는 소리가 나더니 가도노 스미오가 쿵쾅거리며 돌아왔다.

“휴, 오래 기다렸지.”

그는 다시 자리에 앉았다. 뭔가 정체 모를 생물을 보는 기분이었다. 자기보다 훨씬 어린 여성에게 엄청난 피해를 입혀놓고 어떻게 이리도 뻔뻔한 걸까.

“차는 아직 안 나왔나?”

혼잣말이라고 하기에는 큰 소리였다.

화가 치밀었다. 일부러 도발하는 건지, 아니면 원래 이런 철면피인 건지. 좌우지간 불쾌한 인간이었다.

“그래서 볼일이 뭔가요?”

시오리코 씨가 다시 물었다. 남자는 천장을 올려다보며 생각났다는 듯 손뼉을 쳤다.

“아, 그거. 『나에게 5월을』 초판본 얘기였지. 실은 큰형이 나한테 연락했더라고. 죽기 일주일 전이었나? 나한테 『나에게 5월을』 초판본을 주겠다고 했어. 전에 내가 여기 가져왔던 그 책 말이야.”

“네?”

우리는 동시에 외쳤다. 가족과도 거의 연을 끊었다고 하지 않았나?

“……이제 거짓말은 작작 하세요.”

시오리코 씨는 단호하게 말했다.

“형님이 왜 가노도 씨에게 책을 주시겠어요? 그것도 『나에게 5월을』 초판본을. 절대로 그럴 리 없어요."

"아니, 정말로 진짜라니까."

남자는 히죽거리며 대답했다. '정말', '진짜'라는 말이 이렇게 수상쩍게 들린 적은 처음이다.

"왜 나한테 준다고 했는지 이유는 몰라. 다음에 만나면 자세히 말해준다고 하더니 그전에 죽었거든. 그래서 49재 때 가져가려고 했더니 거기 있던 식구들이 모두 말리더라고. 사정을 말해도 아무도 안 믿어주고."

그 말을 누가 믿겠는가. 어처구니없어하는 우리를 향해 그는 말을 이었다.

"실은 벌써 살 사람도 정해져서 책만 넘기면 되는데, 이제 와서 못 준다는 건 말이 안 되잖아. 돈도 다 받았는데, 어떻게 좀 안 될까?"

정말 답이 없는 사람이다. 나는 그렇게 생각했다. 책을 받기도 전에 팔아넘길 생각부터 한 건가. 그것도 형의 유품을. 지금까지 한 말 중에 믿음이 가는 구석도 없었다. 귀한 초판본을 가로채려는 거짓말이란 생각밖에 들지 않았다.

"……언제까지 책을 넘기기로 했는데요?"

하지만 시오리코 씨는 이야기를 중단하지 않았다.

"음, 늦어도 다음 주 중에는. 어? 도와주려고?"

나뿐 아니라 이야기를 꺼낸 본인도 눈이 휘둥그레졌다.

"일단…… 사실관계를 확인할게요."

시오리코 씨의 얼굴에는 마지못한 표정이 역력했다.

물론 마음에서 우러나서 도우려는 건 아니겠지. 어머니를 만나려면 그녀가 보낸 '의뢰'를 거절할 수는 없으니까.

"저기, 괜찮겠어요?"

의뢰인이 앞에 있었지만 나는 시오리코 씨의 귓가에 속삭였다. 사실관계를 확인해봤자 결과는 뻔할 게 분명했기 때문이었다.

나는 시노카와 지에코의 의도를 종잡을 수가 없었다.

무엇 때문에 이런 말도 안 되는 '문제'를 낸 것일까.

혹시 딸을 골탕 먹이려는 건가?

"일단 알아는 봐야죠……."

시오리코 씨는 힘없이 대답했다. 그다지 자신 없어 보였다.

3

휴일 오후, 나와 시오리코 씨는 오후나 역에서 만났다. 이번 일로 가도노 스미오의 가족과 이야기를 나누기로 했기 때문이었다. 시오리코 씨가 연락하니 언제든 오라고 답했다고 한다.

업무용 봉고차는 브레이크 이상으로 정비 중이었기 때문에 가도노 스미오의 집이 있는 후카사와까지 모노레일을 타고 갔다. 커브가 많아서인지 좌우로 계속 흔들렸다. 모노레일이지만 속도가 빠르기로 유명했다. 높은 곳을 지나는 까닭에 창문 너머로 보이는 경치는 나쁘지 않았다.

5월의 햇살이 지붕과 나무 위로 쏟아졌다. 바다까지 이어진 푸른 하늘에서는 벌써 초여름 기운이 느껴졌다.

"빛나는 계절에……."

시오리코 씨가 불현듯 중얼거렸다. 우리는 4인석에 앉았는데, 그녀는 내 맞은편에 앉아 지팡이를 든 채 밖을 내다보고 있었다.

"누가 그 돛을 노래했는가. 찰나의 나에게 흘러가는 시간이여……."

눈이 맞자 점점 목소리가 줄어들더니 이내 얼굴을 붉히고 고개를 푹 숙였다.

"그게 뭡니까?"

"아, 아무것도…… 지금 그건 못 들은 걸로……."

"뭔진 모르지만 좋네요."

시오리코 씨는 고개를 홱 들었다. 렌즈 안쪽의 커다란 눈동자가 반짝이고 있었다.

"다이스케 씨도요?"

"네? 네……."

"저도 정말 좋아해요. 데라야마 슈지의 「5월의 시」인데, 『나에게 5월을』의 서두에 실린 작품이에요."

그녀는 눈을 지그시 감고 시를 낭송했다. 완벽하게 외운 듯 전혀 막히는 구석이 없었다.

스무 살 나는 5월에 태어났다
나는 나뭇잎을 밟으며 어린 나무들을 불러본다
지금이 바로 그때 나는 내 계절의 입구에서
수줍어하며 새들에게
인사를 건넨다
스무 살 나는 5월에 태어났다

싱그러운 바깥 풍경과 잘 어울리는 시였다. 시에 대해서는 잘 모르지만, 지금 이 순간을 언어로 옮겨놓은 느낌이다.

"데라야마 슈지의 첫 작품집이 바로 『나에게 5월을』이에요. 이 시처럼 스무 살에 출판됐죠. 시는 물론 그때까지 지은 단가나 하이쿠일본의 정형시로 각 행 5, 7, 5자의 총 17자로 된 짧은 시, 일기까지 실은, 당시의 집대성이라 할 만한 내용이었어요.

……하지만 이 시를 지었을 때 데라야마는 네프로제라는 신장질환으로 입원 중이었어요. 침대에서 일어나지 못하는 날도 많아서 생사의 기로에 섰던 적도 있어요."

"……시 내용하고는 정반대네요."

나뭇잎을 밟기는커녕 꼼짝도 하면 안 될 것 같은데. 중환자가 쓴 시라는 게 믿기지 않았다.

"오히려 병을 앓고 있었기 때문에 상상력을 활짝 펼쳤던 건지도 몰라요. 나중에 희곡에서 이렇게 표현했죠. '상상력보다 높이 나는 새는 없다' 고."

때마침 모노레일이 쇼난후카사와 역에 도착해 우리는 열차에서 내렸다. 평일 오후, 작은 무인역에는 인기척이 거의 없었다.

같은 가마쿠라라도 이 부근은 관광객들의 발길이 뜸했다.

"스무 살에 데뷔한 거면 빠른 거죠?"

나는 역을 나서며 물었다. 일반적으로 시인들이 몇 살에 데뷔하는지는 모르지만.

"데뷔는 그전에 했어요. 10대 때부터 하이쿠나 단가를 짓기 시작했고, 같은 세대의 시인들과 폭넓게 교유했죠. 고등학생 때 전국 학생 하이쿠 대회를 주최했을 정도예요. 고향 아오모리에서 상경한 열여덟 살에 잡지 《단가 연구》에 응모했고, 당시 편집장이었던 나카이 히데오가 특선으로 발탁해 10대 천재 시인으로 각광을 받았죠."

시오리코 씨는 막힘없이 설명했다. 나카이 히데오라는 이름도 들어본 적이 있었다.

"나카이 히데오라면…… 작가 아닌가요?"

최근 탐정소설을 정리하는 일이 많아졌는데, 일하다 책 등에서 이름을 본 기억이 났다. 시오리코 씨는 환하게 웃으며 고개를 끄덕였다.

"소설도 썼어요. 일본 탐정소설 사상 3대 기서로 꼽히는 『허무에의 공물』의 작가예요. 환상문학 작가로 알려졌지만, 젊은 시인들을 세상에 내보낸 편집자이기도 했어요. 데라야마의 『나에게 5월을』도 나카이의 도움으로 세상 빛을 봤죠."

완만한 언덕길이 눈앞에 펼쳐졌다. 나는 지팡이를 든 시오리코 씨에게 보폭을 맞췄다. 저 멀리까지 늘어선 커다란 단독주택들과 데크에서 잠든 윤기 흐르는 털을 가진 큰 개가 보였다.

"데라야마가 네프로제로 쓰러진 건 화려하게 활동을 시작했을 때였어요. 나카이 히데오는 천재 시인이 세상을 떠나기 전에 얼른 책을 내야겠다는 생각이었다고 해요. 물론 데라야마는 무사히 퇴원해 시대의 트릭스터로, 다양한 장르를 오가며 활동했죠."

"그럼 언제 죽었습니까?"

"1983년에요. 마흔일곱 살이었어요."

"……젊어서 죽었네요."

"네. 간경변과 복막염으로 패혈증이 와서…… 네프로제의 영향도 있었다고 하지만, 원래 건강한 편이 아니었던 모양이에요. 아, 저 집이에요. 큰 소나무가 있는."

시오리코 씨의 시선이 가리키는 곳에 낡은 2층집이 보였다. 경사에 지어서인지 콘크리트 토대가 높은 게 눈에 띄었다.

주차공간에서 머리가 벗겨진 양복 차림의 중년 남자가 나타났다. 차림새는 단정했지만 체격이나 커다란 눈이 가도노 스미오를 연상시켰다.

"가도노 씨 형님이신 고사쿠 씨예요."

삼형제라고 했으니 아마 둘째 형일 것이다. 남자는 우리를 보더니 정중하게 고개를 숙였다. 시오리코 씨도 황급히 인사를 건넸다.

"여기까지 와줘서 고마워요. 동생이 폐를 끼쳐서 미안하고요. 나도 지금 막 왔는데……."

가도노 고사쿠는 서글서글하게 말하더니 시오리코 씨의 얼굴을 빤히 들여다봤다. 그리고 잠깐의 침묵 끝에 정신을 차린 듯 말을 이었다.

"어쨌든 들어와요. 형수님도 기다리고 있어요."

말을 마친 그는 앞장서 들어갔다. 이곳에 사는 게 아니라 시오리코 씨를 만나기 위해 일부러 찾아온 모양이다. 차림새를 보아하니 일하는 중에 나온 것 같다.

아무리 동생 일이라지만, 왜 이렇게까지? 나로서는 잘 이해가 가지 않았다.

우리를 맞이한 사람은 수수한 중년 여자였다. 화장기 없는 얼굴 곳곳에 커다란 점이 눈에 띄었다. 가녀린 목에 패인 주름도 눈길을 끌었다.

"가도노 히사에라고 해요. 남편이 신세 많이 졌죠."

"아, 아니에요. 저야말로 남편 분께 신세를……."

시오리코 씨는 더듬거리며 대답했다. 우리는 방으로 들어가 세월의 흔적이 느껴지는 불단에 향을 피웠다.

고인의 이름은 가도노 가쓰미, 영정 속 얼굴은 50대 초반이었다.

옆에 있는 가족사진에는 부인과 두 아들, 그 품에 안긴 삼색고양이도 보였다. 그러나 지금 이 집에는 부인 혼자인 것 같았다. 고양이는 집 안 어딘가에 있을지도 모르지만.

"저희 도련님 일로 폐를 끼치네요."

차를 내오자마자 가도노 히사에는 고사쿠와 같은 말을

했다. 만나는 사람마다 미안하다고 하는 통에 시오리코 씨는 더욱 긴장이 심해진 것 같았다.

"저, 저기, 지난 휴일에 스미오 씨가 저희 집에 오셔서…… 저하고 여기 있는 다이, 아니, 고, 고우라 씨에게 이야기를……."

시오리코 씨는 내 이름을 부르다 당황했는지 혀를 깨물었다. 평소처럼 부르면 될 것을.

그녀의 이야기에 귀를 기울이던 두 사람의 표정이 어두워졌다. 가도노 고사쿠가 먼저 무거운 목소리로 말문을 열었다.

"못난 동생이 어떤 무례한 짓을 저질렀는지는 모르지만…… 괜찮으니까 말해봐요. 우리가 도울 수 있는 일이라면 도울 테니."

시오리코 씨와 나는 서로 마주봤다. 보아하니 가도노 스미오가 비블리아 고서당에서 문제를 일으켜서 우리가 쳐들어온 거라고 생각하는 모양이었다. 그래서 군소리 없이 만나준 거였다.

"아, 죄송합니다. 제가 제대로 말씀드리지 않았네요. 오, 오늘 찾아뵌 건 스미오 씨에게 의뢰를 받았기 때문이에요. 저기, 가쓰미 씨가 책을 물려주기로 약속하셨다는데, 여러분께서는 모르는 일이라고 하셨다고……. 그래서 제삼자인 저한테 사정을 알아봐달라고 하셔서."

"아, 그 일이군."

가도노 고사쿠는 인상을 찌푸렸다.

"하필 왜 거기 가서 그런 얘기를 했는지, 미안해요. 어차피 녀석이 지어낸 거짓말이겠죠. 그런 얘기를 들었다는 사람도 없고……. 형수님도 모르는 일이죠?"

히사에는 고개를 끄덕였다.

"혹시나 해서 다른 친척들에게도 물어봤는데, 남편한테 그런 얘기를 들었다는 사람은 없었어요. 데라야마 슈지의 초판본은 특히 아끼던 책인데 그걸 스미오 씨에게 물려줬다는 건……."

시오리코 씨는 아무 말도 하지 않았다. 어쩔 줄 몰라 하는 건지도 모른다. 이 두 사람이 거짓말을 하는 것 같지는 않았다. 적어도 그 남자보다는 믿음이 갔다.

"스미오는 어릴 때부터 입에 거짓말을 달고 살았죠. 무슨 사고를 쳐도 항상 실실 웃기만 하고 절대로 잘못했다고 하는 법이 없었어요."

"그렇게…… 어릴 때부터요?"

무의식적으로 그런 질문이 튀어나왔다. 훔친 책을 비블리아에 가져온 게 다가 아닌 모양이었다. 그러고 보니 그의 과거에 대해서는 아는 게 없다.

"우리 형제는 부모님을 일찍 여의었어요. 부끄럽지만, 그 때문에 제일 어렸던 녀석은 제대로 가정교육을 받지 못했죠. 크면서 점점 손버릇이 나빠지더니 지갑에서 돈을 빼가질 않나, 슈퍼에서 물건을 슬쩍하질 않나……. 부모 노릇을 하던 큰형님 속을 무지 태웠죠."

나는 불단에 놓인 위패가 하나가 아니었다는 사실을 떠올렸다. 부모의 위패인 것이다.

"부모님은 언제 돌아가셨습니까?"

"1980년에요. 결혼기념일에 온천 여행을 가셨다 호텔에 불이 나서 변을 당하셨죠……. 형님이 스물, 내가 열셋, 스미오는 고작 다섯 살이었어요."

고사쿠는 막힘없이 말했다. 머릿속 깊이 새겨진 기억인 모양이었다.

"형님은 대학을 중퇴하고 숙부님 회사에서 일하기 시작했어요. 그때는 형님도 젊어서 마음의 여유가 없었는지 말을 안 듣는 스미오에게 엄하게 대했죠. 스미오가 고등학생이 되었을 무렵부터 둘 사이에는 대화가 단절됐고, 결국 집을 나가 작은 극단에 들어갔어요."

"가출……."

나는 작게 중얼거렸다. 얼마 전에 들은 말이었다.

"데라야마 슈지의 책에 영향을 받았겠죠. 형님 서재에

들어가 몰래 가지고 나와서 읽고는 했으니까요. 에세이부터 희곡까지 가리지 않고."

정말 『가출의 권유』를 실천에 옮긴 건가. 책 취향이 비슷하더라도 반드시 서로를 이해한다는 보장은 없는 것이다.

"극단이라 해도 학교 연극반보다 조금 나은 정도라 공연할 때마다 빚이 늘어서, 그 돈을 갚으려고 수상한 아르바이트를 하기도 하고…… 나한테도 연락을 하더군요. 고급 냄비 세트며 정수기 같은 걸 사달라고요. 터무니없는 가격이었죠."

나는 감정이 드러나지 않도록 애썼다.

다단계 업자의 꾐에 넘어간 것이리라. 나도 그런 업자들에게 시달린 적이 있다. 수입이 불안정한 사람은 특히 좋은 먹잇감이다.

"3년 전쯤이었던가, 빚이 혼자서는 감당할 수 없는 수준까지 불어나서 형님에게 도움을 청했죠. 집세도 밀렸다고 해서 형님이 들어와 살라고 했고요. 그쪽 가게에 드나들면서 그런 짓을 저지른 것도 모자라, 이번에도 그런 거짓말이나 지어내고……. 정말 면목이 없어요."

고사쿠는 다시 고개를 숙였다. 동생 이야기만 나오면 고개를 숙이는 버릇이 몸에 밴 건지도 모른다.

"……저기."

이제껏 듣고만 있었던 시오리코 씨가 말문을 열었다. 쭈뼛거리는 태도는 온데간데없고, 어느새 허리를 곧게 펴고 있었다.

"실은 조금 마음에 걸리는 점이 있어요. 그래서 스미오 씨의 말이 반드시 거짓말이라고 단정 지을 수가 없습니다."

두 사람은 눈을 휘둥그레 떴다. 그 말뿐 아니라 시오리코 씨의 변화에도 놀란 눈치였다. 책 이야기가 나오자 발동이 걸린 것이다.

"……그게 무슨 소리죠?"

가도노 히사에가 물었다.

"보통 거짓말을 꾸며낼 때는 이야기를 사실처럼 보이게 하려고 애를 써요. 스미오 씨는 가쓰미 씨가 초판본을 왜 자신에게 줬는지 이유를 말하지 않았어요. 다른 가족들을 속이려 했다면 먼저 그 이유를 꾸며냈겠죠. 조금만 생각해 보면 이유나 증거가 없으면 믿어주지 않을 것쯤은 알 수 있잖아요."

듣고 보니 본인도 이유를 몰라서 당혹스러운 것 같았다. 그런 상태에서 팔 약속을 하고 선금까지 받았지만.

"마음 써줘서 고맙지만 그런 생각을 아예 못한 게 아닐까요? 도련님은 좀…… 맹한 구석이 있으니까요."

히사에는 은근슬쩍 심한 말을 했다. 피가 섞인 형제 역시 팔짱을 끼며 고개를 끄덕였다.

"그럴 수도 있지만."

말을 꺼낸 시오리코 씨까지 동조했다. 지금까지 온갖 폐를 끼친 전력 때문인지 가도노 스미오에 대한 세 사람의 믿음은 바닥에 떨어져있었다.

"……가쓰미 씨 서재를 한번 보여주시겠어요? 뭔가 알아낼 수 있을지도 모르니까요."

4

서재는 1층 안쪽에 있었다. 우리를 안내한 이는 가도노 고사쿠로, 미망인은 병원 예약이 있다며 미안한 듯 자리를 떴다.

"형님은 폐암이었지만, 말기에는 퇴원해 집에서 요양했어요. 그게 가족 모두의 결정이었죠. 그때 형수님이 고생을 많이 하셔서 지금도 몸이 좋지 않아요."

고사쿠는 잠긴 문 앞에서 주머니를 뒤지며 말했다.

"죄송합니다, 번거롭게 해드려서."

미안해하는 시오리코 씨에게 고사쿠는 고개를 저었다.

"별말을요. 아가씨도 다리가 불편한데 여기까지 와줬잖아요. 신문에서 봤는데, 큰일을 당할 뻔했더군요."

순간 시오리코 씨의 몸이 굳었다.

다나카 도시오가 저지른 사건은 뉴스에도 보도되었다. 피해자의 이름은 익명 처리되었지만, 좁은 지역이라 알 만한 사람은 알고 있었다.

"들어와요."

문을 열자 어둑어둑한 방이 나왔다.

철제 책장이 도서관처럼 내 천 자로 서있었다. 의자 하나가 덩그러니 놓여있을 뿐, 그 밖에는 별다른 가구도 없다.

"와, 굉장하네요."

시오리코 씨는 지팡이를 짚고 홀린 듯 책장 사이로 들어갔다.

"오로지 책을 위한 공간인가요?"

가도노 고사쿠에게 물었지만 답은 없었다. 그는 책등을 어루만지는 시오리코 씨를 뚫어져라 바라보고 있었다. 저기, 하고 다시 말을 걸자 그제야 반응을 보였다.

"아, 맞아요. 형님은 자기 책 외에는 이곳에 두지 않았어요. 순수하게 좋아하는 책만을 위한 공간으로 꾸미고 싶다고……. 부모님이 돌아가신 뒤로 유일한 낙이 독서였어요. 휴일에는 이곳에 틀어박혀 시간을 보내는 일이 많았죠."

고사쿠는 형을 그리듯 아련한 표정으로 말했다.

나도 장서를 훑어보았다. 책장 하나에 데라야마 슈지의 저서와 연구서가 빼곡하게 늘어서 있었다. 다른 시집들도 꽤 많았다. 책장 절반은 《현대시 수첩》이나 《단가 연구》 등의 잡지 과월호였다.

"전문가의 눈으로 봐도 꽤 마니악하죠?"

그는 우리에게 그렇게 말했지만, 시오리코 씨는 안쪽에서 장서를 둘러보기만 할 뿐 대답하지 않았다. 하는 수 없이 내가 대신 고개를 끄덕였다. 마니악한지 아닌지는 모르겠지만.

"형님은 대학 때 국문과였어요. 전후 단가나 현대시 연구를 하고 싶다고 했죠. 부모님만 그렇게 되지 않았다면 연구원 같은 게 되지 않았을까……. 좋아하는 분야에 몰입하는 건 스미오도 마찬가지였죠. 녀석의 경우는 연극이었지만. 형제 중 나만 이도저도 아니에요. 영향을 받아서 조금씩 손을 댔지만, 금세 그만뒀죠. 괴짜들한테는 못 당한다니까요."

옛날을 회상하는 그의 눈은 여전히 시오리코 씨를 좇고 있었다. 딴 뜻이 있어서 그런 것 같지는 않았지만 계속 마음에 걸렸다.

순간, 시오리코 씨가 그제야 이쪽을 돌아보며 말했다.

"한정판이나 공저를 포함해 데라야마의 저서는 거의 다 있네요. 보존상태도 좋고, 무척 충실한 컬렉션이에요."

"데라야마의 초판본은 거의 비블리아에서 산 거예요. 그때는 아르바이트였던 지에코 씨…… 어머님이 형님을 위해 구해다 줬죠. 물론 『나에게 5월을』도 그랬고요. 스미오는 몰랐을 겁니다."

"……역시 그랬군요."

시오리코 씨의 웃음이 사라졌다.

그렇다면 시노카와 지에코는 이곳에 있는 『나에게 5월을』에 대해 잘 알고 있을 것이다. 아는 사람의 부탁이라는 이유만으로 조언을 해주었을 리가 없다. 시오리코 씨에게 의뢰하라고 한 것까지 포함해 뭔가 의미가 있는 게 아닐까?

"우리 형제는 모두 지에코 씨 영향으로 책을 읽게 됐죠. 일분일초라도 더 대화를 나누려면 책 이야기를 하는 수밖에 없었으니까요. 형제 중에서 내가 첫 탈락자였죠."

아까부터 시오리코 씨를 힐끔거리던 이유를 그제야 깨달았다. 젊었을 적 지에코를 꼭 빼닮았기 때문이다. 스미오도 형제 모두 지에코에게 홀딱 반했었다고 했다.

"고서점에서 일한 뒤에도 지에코 씨는 종종 우리 집에 놀러왔습니다. 형님이 결혼해 조카들이 생긴 즈음부터 발길이 뜸해졌지만."

시노카와 지에코의 과거를 더 알고 싶었지만, 시오리코 씨 앞에서는 물어보기도 뭣했다.

나는 화제를 바꾸려고 그녀가 들고 있던 고서를 보았다. 연두색 표지에 나뭇잎 일러스트가 들어갔는데, 제목은 『나에게 5월을 - 데라야마 슈지 작품집』이었다. 변색된 곳은 없었지만 세월의 흔적이 느껴졌다.

"그 책이 초판본입니까?"

"네. 이만큼 상태 좋은 책은 기의 시장에 나오지 않는데…… 대체 어디서 구해온 거지?"

시오리코 씨는 혼잣말처럼 중얼거렸다. 어머니의 능력을 직접 목격하고 같은 고서업자로서 마음이 착잡해진 것 같았다.

"책을 좀 봐도 될까요?"

고사쿠의 허락을 받자 시오리코 씨는 의자에 앉아 익숙한 손길로 책장을 넘겼다. 제목이 적힌 약표제지에서 그녀의 손이 멈췄다. 거친 필적으로 '데라야마 슈지'라 적혀있었다.

"진짜 사인입니까?"

"그런 것 같아요. 관계자나 지인에게 선물한 헌정본이겠죠. 『나에게 5월을』은 겨우 천 부만 인쇄됐어요. 당시에는 화제를 모으지 못해서 판매량이 저조했고, 데라야마가 유명세를 타고 높은 평가를 받은 뒤에는 계속 절판 상태였어요. 장정도 좋아서 지금껏 꽤 비싸게 팔리는 책이에요."

게다가 사인까지 들어갔으니 팔면 값을 톡톡히 받으리라.

약표제지를 넘기자 검은 스웨터를 입은 청년의 사진이 나왔다. 이 청년이 바로 데라야마 슈지겠지. 정말 젊었다. 이때 스무 살이었으면 나보다 어렸을 땐데.

다음 장에는 「5월의 시」가 있었다. 시는 물론 단가나 하이쿠도 함께 실려있었다.

"이 책들은 형님의 자랑거리였습니다. 지에코 씨가 귀한 책을 구해다 준다며 좋아했죠. 가장 아꼈던 책이 그 『나에게 5월을』이었어요. 아, 맞다. 이 시를 읊었어요. 죽기 전, 마지막으로 봤을 때였죠."

가도노 고사쿠는 손가락으로 단가가 실린 페이지를 가리켰다.

가슴 앓자 펼쳐지는 푸르른 산천 스케치북을 닫고 잠들지만[1]

등골이 오싹해졌다.

단순히 병상에 누운 고인의 모습을 연상했기 때문만은 아

1) 원문: 胸病めばわれにも青き山河ありスケッチブック閉じて眠れど

니었다. 푸르른 산천을 본 적도 없는데 신기하게도 그 이미지가 생생하게 머릿속에 떠오른 까닭이었다. 단가는 교과서에 실린 것만 읽어봤지만 이렇게 인상적인 줄은 몰랐다.

"아."

시오리코 씨가 중얼거렸다.

곱게 접은 종이와 사진 한 장이 책 사이에 끼워져있었다.

사진 속에는 반바지를 입은 대여섯 살짜리 아이가 바닥에 누워있었다. 아이는 색연필을 들고 무뚝뚝한 표정으로 렌즈를 돌아보고 있다. 금방이라도 저리 가라고 손사래를 칠 것 같았다.

그 주변에는 스케치북에서 뜯은 도화지와 색연필이 널려있었다. 도화지 여러 장을 이어 하나의 큰 그림을 그리는 모양이었다. 그림은 전함처럼 보였지만 솔직히 못 그리는 축이었다. 본인도 아는지 선이 삐져나온 곳에 엑스 표시를 해뒀다.

"스미오의 어릴 적 사진이네요. 여기서 찍은 사진 같은데 난 처음 봅니다."

가도노 고사쿠는 고개를 갸웃거렸다.

그렇다면 30년 전 사진인가. 그런 것치고는 색이 전혀 바래지 않았다. 꼭 요즘 찍은 사진 같은 느낌이었다.

"1981년 5월 20일에 찍은 사진이네요. 현상은 최근에 한 것 같지만요."

시오리코 씨는 사진 끝에 표시된 날짜를 가리키며 말했다. 고사쿠가 아, 하고 말했다.

"형수님이 찍은 사진인가 보네. 이때 우리 집에 있던 카메라는 모두 옛날 거라 날짜 표시 기능이 없었거든요."

"……그때도 히사에 씨가 집에 계셨나요?"

시오리코 씨가 물었다.

"원래 형수님은 형님 대학 후배였어요. 시집오기 전부터 자주 우리 집에 와서 스미오를 돌봐줬죠. 스미오는 형수님을 잘 따르지 않았지만. 그나저나 집에서 얌전히 그림을 그리는 모습은 처음 보네요. 항상 밖에서 노는 걸 좋아했는데."

"다리를 다쳐서 그런 게 아닐까요."

듣고 보니 소년은 오른쪽 다리에 기브스를 하고 있었다. 고사쿠가 손뼉을 쳤다.

"이제야 생각이 나네. 용수로 다리에서 떨어져 뼈가 부러졌었죠. 형님과 내가 스미오를 번갈아 업고 병원에 데려갔어요. 잠깐만 눈을 떼면 사고를 치는 녀석이라."

시오리코 씨는 사진을 무릎에 내려놓더니 두 번 접힌 종이를 펼쳤다. 얇은 괘선이 들어간 걸 보면 편지지인 모양이었다. 꽤 낡아 보였는데, 종이 한가득 회색의 뾰족한 산이 그려져있었다.

“이게 뭡니까?”

내 질문에 시오리코 씨는 그림을 반대로 돌렸다.

그제야 이해가 갔다. 전함의 함수 부분이었다. 앞뒤가 확실히 구분되지 않기 때문에 어쩌면 함미일 수도 있었다. 어쨌든 포탑이 달려있었다.

“사진 속 그림의 일부겠죠. 스미오 씨가 그린 거예요.”

듣고 보니 사진에는 이 부분이 없었다. 분명 촬영한 뒤에 이 그림을 그린 것이다.

“도화지가 부족했나 보군.”

가도노 고사쿠는 작게 웃었다. 그 철면피 같은 남자에게도 이런 천진난만한 어린 시절이 있었다니.

하지만 마음에 걸리는 점이 있었다. 이 그림이나 사진은 『나에게 5월을』과 아무 관계가 없다. 그런데 왜 책 사이에 끼워둔 것일까?

그때 종이를 들고 있던 시오리코 씨가 손을 부르르 떨었다. 마치 무서운 것을 본 듯 두 눈을 부릅뜨더니 얼굴까지 새파랗게 질렸다.

“무슨 일입니까?”

“다이스케 씨, 여, 여기 봐요…….”

혀가 꼬였는지 발음도 정확하지 않았다. 고서 이야기를 하며 이토록 동요한 적은 거의 없었다.

그녀가 가리킨 곳을 들여다보자 연필로 쓴 동그란 글자가 희미하게 보였다.

그나마 알아볼 수 있는 건 세 줄 정도밖에 없었고, 그것도 처음 몇 글자만 보였다.

'빛나', '누가', '찰나'.

'어?'

뭔가 기억을 스치고 지나갔다. 얼마 전에 본 것 같은데.

"……빛나는 계절에 누가 그 돛을 노래했는가. 찰나의 나에게 흘러가는 시간이여……."

시오리코 씨는 잠긴 목소리로 말했다. 그래, 「5월의 시」였다.

"이건…… 데라야마 슈지의 글씨예요."

한동안 아무도 입을 열지 않았다.

누군가가 데라야마의 친필을 지우고 그 위에다 그림을 그린 것이다.

무슨 일이 일어난 것인지 생각하고 싶지 않았다.

"이게 데라야마 슈지가 쓴 게 맞습니까?"

"필체로 봐서는 틀림없어요."

어린애가 작가의 친필 가치를 어떻게 알겠는가. 제대로 읽었는지조차 의심스러웠다. 쓸데없는 글자를 지우고 그림을 그려야겠다고 생각했더라도 이상할 건 없다.

“하, 하지만 이 책의 원고는 아니겠죠? 보통 책으로 펴낼 거면 이런 종이가 아니라 원고지에 쓰잖아요.”

“『나에게 5월을』이 책으로 만들어질 무렵, 데라야마는 네프로제로 입원 중이었어요. 긴 요양생활을 보내며 경제적으로도 궁핍해진 까닭에 은사에게 보낸 편지에서도 종종 돈 이야기를 했죠. 항상 원고지를 갖춰두지는 않았을 거예요.

그리고 출판에 앞서 작품을 깨끗하게 옮겨줄 이가 없어서 안타깝다는 이야기도 편지에 적혀있어요. 이 얘긴 옮겨 적기 전의 초고가 따로 있었다는 뜻이죠. 거의 다 지워져서 단정할 수는 없지만, 『나에게 5월을』의 초고일 가능성이 있어요…….”

고인은 지에코 씨가 늘 귀한 책들을 구해다준다고 했다. 이 역시 시노카와 지에코가 구해온 책임이 분명했다. 무척 소중히 간직했으리라. 이제는 흔적밖에 남지 않은 작가의 친필을 이렇게 보관한 걸 보면 말이다.

“스미오 짓이군요.”

고사쿠는 땅을 기는 듯 낮은 목소리로 시오리코 씨에게 말했다.

“네. 이 그림에 관해서는 달리 설명할 길이…….”

그림을 그리다 보니 어느새 도화지가 부족했다. 다리에

기브스를 하고 있었으니 새 종이를 가지러 가기도 귀찮았을 것이다. 서재를 뒤져 찾아낸 종이에다 그림을 그렸다.

그 결과 둘도 없는 귀한 친필 초고는 이 세상에서 사라졌다.

"……그릴 거면 뒷장에다 그리지."

나는 아쉬운 마음에 그렇게 말했다. 왜 이미 있는 글씨를 일부러 지우고 그 위에 그린 걸까.

"종이가 두껍지 않으니 뒷장에 비칠까 봐 그랬을 수도 있고…… 실은 뒷장에도 뭔가 적혀있었던 것 같아요. 지금은 하나도 보이지 않지만."

기가 막혀서 말도 나오지 않았다. 어떤 작품이었는지는 모르지만, 다른 초고도 사라져버렸을 가능성이 있다니.

"……그러고 보니 이때부터 형님은 서재를 잠가놓기 시작했어요."

고사쿠가 조심스레 말했다.

"스미오에게 엄하게 대하기 시작한 것도 같은 시기였고요. 나도 이상하다 생각은 했는데…… 이 일이 계기였는지도 모르겠군요."

시오리코 씨는 『나에게 5월을』을 끝까지 넘겨본 뒤 조용히 책을 덮었다. 물론 사이에 끼워진 종이도 제자리에 돌려놓았다.

이로써 하나는 확실해졌다.

가도노 스미오가 이 책을 형에게 물려받았을 리가 없다. 절대로 그럴 리가 없다.

무슨 이유인지는 모르지만 그 남자는 분명히 거짓말을 하고 있다.

이유를 알 수 없는 게 하나 더 있었다.

결국 시노카와 지에코는 딸에게 무엇을 바란 것일까?

답이 확실히 나와 있는 '문제'에 대체 어떤 의미가 있는 거지?

5

시오리코 씨는 가도노 스미오에게 바로 연락하지 않았다. 거짓말쟁이라고 추궁하는 건 어렵지 않았지만, 그렇게 되면 어머니를 만나지 못하게 된다.

어떻게 할지 고민하고 있는 거라 생각했는데, 실은 그렇게 단순한 문제가 아니었다. 시오리코 씨가 퇴근 후 시간 있냐고 물어온 것이다.

"『나에게 5월을』에 관해 할 얘기가 있어요."

대체 무슨 이야기인지 짐작도 가지 않았지만, 일부러 내

일정을 확인한 걸 보면 간단한 이야기 같지는 않았다. '가도노 스미오는 거짓말쟁이였다' 로 끝날 일이 아니겠지.

나는 내심 초조해하며 일을 계속했다. 별일 없이 시간이 흘러 이내 문 닫을 시간이 되었다.

결론부터 말하자면 나는 그날 시오리코 씨의 '이야기' 를 듣지 못했다. 생각지도 못한 손님이 찾아왔기 때문이다.

회전식 간판을 가게 안으로 들이고 있는데 뒤에서 누가 말을 걸었다.

"어제 뵈었죠? 긴히 드릴 말씀이 있어서요."

계절과 어울리지 않는 두툼한 남색 코트를 입은 파리한 얼굴의 중년 여자. 어제 만났던 가도노 히사에였다.

일찌감치 정산을 마치고 하루 일과를 마무리한 시오리코 씨는 책을 읽다가 손님이 들어온 걸 보고 황급히 책을 계산대 구석으로 치웠다. 읽던 책은 『작가의 자서전 40 데라야마 슈지』였다.

자서전이면 데라야마 슈지가 직접 쓴 전기겠지. 「누군들 고향을 그리지 않으리」와 「지우개」라는 글이 실린 것 같았다.

이 책은 원래 가게에 있던 상품이었다. 『나에게 5월을』 건으로 뭔가 알아보던 중인 모양이었다.

서둘러 인사를 나누더니 가도노 히사에는 바로 본론으로

들어갔다.

"어제 서방님한테 들었는데…… 막내 도련님이 남편이 소장했던 데라야마 슈지의 원고를 훼손했다는 이야기가 사실인가요?"

"……스미오 씨가 관련된 건 분명해요."

시오리코 씨가 신중하게 대답했다.

"비싼 물건인가요?"

"실제로 보지 못해서 말씀드리기는 어렵지만…… 거금을 주고서라도 사겠다는 팬은 분명 있을 거예요. 데라야마의 친필 원고는 작가 사후에 가격이 올랐으니까요."

"그렇군요……."

히사에는 눈을 내리깔았다. 놀란 것 같지는 않았다. 대신 아픔을 참듯 이를 악물었다.

"직접 도련님을 만나려고 했는데 휴대전화가 정지됐는지 연락이 되지 않더라고요. 가까운 시일 안에 이곳에 찾아올 테니 그때 이걸 대신 전해주시겠어요?"

그녀는 가방에서 두툼한 봉투를 꺼내 계산대에 내려놓았다. 딱 봐도 돈 봉투였다. 제법 큰 금액이 들어있는 것 같았다.

시오리코 씨는 의아스런 표정으로 상대를 바라보았다.

"막내 도련님이 그 원고를 훼손한 날에 저도 거기 있었어요. 시부모님이 돌아가신 뒤로 자주 드나들며 집안일을 도왔거든요."

나는 어제 보았던 사진을 떠올렸다. 고사쿠는 형수가 찍은 사진이라고 했다.

"작은 서방님이 중학교 수학여행으로 집을 비워서 제가 대신 도련님을 돌봐주러 갔죠. 당시 도련님은 절 조금도 따르지 않았어요. 말을 거는 것도 질색해서…… 결국 저도 화가 나서 다친 도련님을 서재에 혼자 남겨뒀죠.

서재에 남편이 아끼는 컬렉션이 있다는 걸 알고 있었어요. 만일 그날 제가 도련님 옆에 붙어있었다면, 도화지를 가져다줬다면…… 남편과 도련님 사이는 그렇게 틀어지지 않았을 거예요."

히사에는 자기 잘못도 아닌데 책임을 느끼는 모양이었다.

사이가 틀어진 건 두 형제의 문제이고, 애당초 원인을 제공한 것도 가도노 스미오다. 이런 식으로 돈을 준다고 해결되는 건 아무것도 없을 텐데.

기척도 없이 유리문이 열리더니 까무잡잡한 중년 남자가 들어왔다. 가도노 히사에와는 딴판으로, 아직 5월인데 반팔 셔츠 차림이었다.

"역시 여기 있었네요, 형수."

"도련님……."

가도노 스미오는 계산대로 다가왔다. 서로 마주보자 복장의 차이가 더욱 눈에 띄었다.

"아까 후카사와에 전화했더니 나한테 볼일이 있다고 여길 찾아갔다고 들어서. 바로 달려왔는데…… 어? 이거 큰형이 죽기 전에 읽고 있다고 했던 책이잖아."

스미오는 그렇게 말하며 『작가의 자서전 40 데라야마 슈지』를 집어 들더니 나와 시오리코 씨를 보며 환하게 웃었다.

"또 보네. 『나에게 5월을』은 어떻게 됐어? 찾을 수 있을 것 같아?"

그는 지금 책의 주인인 형수 앞에서 태연하게 물었다.

어떻게 되긴, 당신이 어린 시절에 저지른 엄청난 짓이 밝혀졌을 뿐이거든.

"저기, 도련님, 그 일 말인데……."

히사에는 조심스레 말을 꺼냈다. 어린애를 어르는 듯한 말투였다.

"결국 형님이 어떤 생각을 했는지는 정확히 모르는 거잖아요. 남편이 그렇게 아꼈던 책이에요. 그런 책을 쉽게 줄 수는……."

미묘한 말투였다. 면전에다 '넌 거짓말쟁이야'라고 말하기 쉽지 않겠지.

"혹시 돈이 필요해서 그런 거면 이 돈을 가져가요."

히사에는 방금 계산대에 놓았던 봉투를 내밀었다.

가도노 스미오는 두 손으로 책을 든 채 꿈쩍도 하지 않았다.

"그럼 『나에게 5월을』을 못 주겠다는 겁니까?"

"미안하지만."

"그럼 아무 의미가 없어요. 돈은 필요 없어요."

스미오는 무뚝뚝하게 말했다.

나는 눈을 부릅떴다. 돈이 최우선이고, 고서는 그 다음이라고 생각했는데.

"그 책은 이미 팔기로 했다고요. 책이 없으면 아무 의미가 없죠. 책하고 돈을 다 준다면 생각해보겠지만."

아니, 역시 돈이 목적이었나.

정말 한심하기 짝이 없는 남자다. 책을 팔기로 했다는 이야기는 처음 들었는지, 히사에는 놀란 표정으로 우두커니 서있었다.

"볼일 끝났어요? 난 더 할 말 없는데. 아니면 차나 한잔 할까요? 역 건너편에 괜찮은 카페가 있던데."

"……아뇨. 그만 가볼게요."

히사에는 간신히 그렇게만 말하고 우리에게 고개를 숙인 뒤 떠나려 했다.

"저기, 히사에 씨."

시오리코 씨가 그런 그녀를 불러 세웠다.

"어제 댁에서 1981년 5월 20일에 히사에 씨가 찍으신 스미오 씨의 사진을 봤어요. 서재에서 그림을 그리는 모습이었는데, 그 사진은 최근에 인화한 건가요?"

나는 뜬금없는 질문에 당황했다. 그러고 보니 시오리코 씨는 사진이 인화된 시기를 신경 쓰는 것 같았다.

"아, 맞아요. 남편이 죽기 전에 식구들 사진을 보고 싶다고 해서요. 원래 있던 앨범을 모두 보여줬는데, 제가 결혼 전에 찍어놓고 인화하지 않은 필름이 나와서."

고인에게는 뭔가 의미가 있는 행동이었을 것이다. 이 질문에 어떤 의도가 있는지는 모르겠지만.

"고맙습니다. 조심히 들어가세요."

시오리코 씨의 질문은 그걸로 끝인 모양이었다. 히사에는 곤혹스러운 표정으로 가게를 나갔다. 대체 뭐지?

"형수가 그런 사진을 찍었던가? 난 기억이 안 나는데. 1981년이면 내가 대여섯 살 땐가. 어린 나를 본 소감이 어때?"

"스미오 씨한테도 물어볼 게 있어요."

스미오를 완전히 무시하고 시오리코 씨는 말을 이었다.

"가쓰미 씨가 돌아가시기 직전에 그 책을 읽으셨다고 했죠? 그게 사실인가요?"

"맞다니까. 큰형이 갑자기 연락했다고 했지? 왜 보자고 했는지 도통 얘기를 안 해서 요새는 어떤 책을 읽느냐고 물어봤어. 그랬더니 마침 그 책을 다시 읽었다는 거야. 그래서 나한테 연락할 마음이 들었다고 하더군."

스미오는 우리에게 『작가의 자서전40 데라야마 슈지』를 보여줬다.

작가의 사진이 박힌 표지였다. 나이가 들어서 찍은 사진인 듯, 『나에게 5월을』에 있던 젊은 모습과는 전혀 인상이 달랐다.

"그렇게 말하더니 갑자기 『나에게 5월을』을 나한테 주겠다는 거야."

"……알겠어요."

무언가 알아냈는지 시오리코 씨는 고개를 끄덕였다.

"이제 됐어요. 가셔도 돼요."

시오리코 씨의 싸늘한 반응에도 스미오는 딱히 놀라지 않았다.

"알았어. 그럼 계속해서 잘 부탁해."

스미오는 콧노래를 부르며 기분 좋게 가게를 나섰다.

기타가마쿠라 역 쪽으로 가지 않고 반대쪽으로 걸어가는 게 보였다. 어디로 가는 걸까? 그러고 보니 지금 어디에 사는지 들은 바가 없었다. 분명 가족들도 모르겠지.

"저 사람을 믿습니까?"

"인격을 믿지는 않지만…… 이번 일만큼은 진실을 말하고 있을 가능성이 있어요."

"네?"

"정말 가쓰미 씨가 『나에게 5월을』을 물려줬을지도 모른다는 뜻이에요."

나는 그녀를 뚫어져라 바라보았다. 진실된 눈이었다.

나는 그제야 깨달았다. 시오리코 씨는 가도노 스미오가 진실을 말했을 가능성을 배제하지 않았다. 아무 말도 하지 않은 건 생각을 정리하기 위해서였다. 오늘 밤 나에게 그 이야기를 하려던 것이다.

"하지만…… 저런 사람이잖아요. 오랫동안 식구들과 잘 지내지 못했고, 그간 입힌 피해만 해도 엄청나지 않습니까. 그런데 왜 갑자기 형님 마음이 바뀐 걸까요?"

"그럴 만한 일이 일어났겠죠. 그 서재를 봤을 때 마음에 걸리는 게 있었어요. 다른 책은 잘 정리됐는데, 이 책과 『나에게 5월을』 초판본만 완전히 엉뚱한 곳에 있었죠."

"그렇다는 건……."

"지금까지는 주인인 가쓰미 씨가 장서를 관리하셨겠죠. 읽은 책을 제자리에 돌려놓으셨을 거예요. 하지만 의식을 잃은 뒤에는 가족 중 누군가가…… 책을 잘 모르는 사람이 그 두 권을 서재에 가져다둔 것 같아요."

한마디로 그 두 권은 가도노 가쓰미가 세상을 떠나기 직전에 읽었던 책인 것이다. 아까 스미오도 분명히 그렇게 말했지만…….

"저기, 그게 중요한 일입니까?"

"네."

시오리코 씨는 단호하게 말했다.

"이 책이 수수께끼를 푸는 열쇠에요."

6

이튿날, 우리는 모노레일을 타고 다시 후카사와를 찾았다.

물론 쉬는 날은 아니었지만 아야카가 대신 가게를 봐주기로 했다. 중간고사가 끝난 날이라 오후에 다른 일이 없다고 했다.

보아하니 우리가 어떤 의뢰를 해결한 뒤에는 큰 보상이 따라온다고 생각하는 모양이었다. 지난달에 에도가와 란포의 컬렉션을 매입한 뒤로 그런 오해를 하게 된 듯하다. 하지만 이번 일의 목적은 다른 데 있다. 수수께끼를 풀어도 우리에게 득이 될 건 없었지만, 굳이 그런 사정을 말하지는 않았다.

아침부터 비가 주룩주룩 내리는 우울한 날씨였다. 장마철이 가까워진 게 실감이 됐다. 모노레일 역에서 집까지 우산을 쓰고 걸었는데, 생각보다 시간이 더 걸렸다.

가도노 히사에가 우리를 맞이했다. 서늘한 집 안은 쥐 죽은 듯 조용했다.

"혼자 계세요?"

시오리코 씨는 지팡이를 세워두고 신발을 벗으며 물었다. 현관에는 남자 신발이 가지런히 놓여있었다. 분명 죽은 남편과 아들들의 신발이리라. 그중 해진 운동화 한 켤레가 보였다.

"네……."

오늘은 고사쿠가 보이지 않았다. 뭐, 사회인이 평일에 회사를 빠지기란 쉽지 않을 것이다.

그저께 방문했을 때와 같은 방에서 우리는 서로 마주보고 앉았다. 시오리코 씨의 입에서 어떤 진상이 나올까. 나는 아는 게 없었다. 어차피 이곳에서 들을 거라 생각하고 아무것도 묻지 않았다.

테이블 위에는 이미 『나에게 5월을』 초판본이 놓여있었다.

"서재에서 가져오셨나 봐요."

"필요할 것 같아서요."

나는 상대의 안색을 살폈다. 지극히 냉정해 보였지만 왠지 작위적인 느낌이 들었다. 저번보다 행동이나 말투가 경직되어있다.

"그래서 하실 말씀이……?"

"히사에 씨."

시오리코 씨는 느닷없이 그렇게 말했다.

"제 어머니…… 시노카와 지에코를 아시죠? 만나신 적이 있을 텐데요."

"……그게 무슨 말이죠?"

"고사쿠 씨는 어머니가 종종 집에 놀러왔다고 했어요. 가쓰미 씨가 결혼해 아이들이 태어날 무렵에는 소원해졌다고……. 그렇다면 어머니와 몇 번 마주쳤어도 이상할 건 없을 텐데요."

순간 온화했던 히사에의 표정에 전율이 흘렀다.

"그래요, 만난 적이 있어요. 시집오기 전부터 알고 지내던 사이였죠. 그게 뭐 어쨌다는 거죠?"

"왜 그렇게 말씀하지 않으셨죠?"

"뭐라고요?"

"어머니는 좋은 뜻으로든 나쁜 뜻으로든 사람의 이목을 끌어요. 어머니를 아는 분들은 거의 백 퍼센트 저한테 그 이야기를 하시죠. ……밝힐 수 없는 사정이 있는 사람을 제외하고는요."

나는 가도노 형제를 떠올렸다. 시오리코 씨가 어머니를 빼닮은 것도 이유 중 하나겠지만, 둘 나 계속해서 지에코 이야기를 했다. 그들뿐 아니라 지금까지 만난 사람들은 모두 그랬다.

모두 예외는 있었다. 시오리코 씨의 마음을 헤아려 일부러 언급하지 않은 사람, 시다처럼 지에코와의 관계를 숨겼던 사람, 그리고 더는 엮이고 싶지 않다며 겁에 질린 사람.

"딱히 이유는 없어요. 감추려던 것도 아니고요. 그 말을 하려고 보자고 했나요?"

"아뇨, 더 중요한 이야기가 있어요."

시오리코 씨는 『나에게 5월을』을 펼쳐 책 사이에 끼워진 사진을 꺼냈다. 어린 가도노 스미오의 무뚝뚝한 얼굴이 보였다.

"이 사진은 인화하지 않고 필름으로 남아있었어요. 고사쿠 씨도, 스미오 씨도, 그리고 가쓰미 씨도 얼마 전까지 몰랐던 사진이죠. 그래서 아무도 몰랐던 거예요. 1981년 5월 20일에 무슨 일이 일어났는지, 이 사진 속에는 그날의 진실을 밝혀낼 결정적인 단서가 있어요."

"뭐라고요?"

히사에의 시선이 사진을 훑어보았다. 그 '단서'가 무엇인지 찾는 것 같았다. 그녀는 이내 고개를 들어 물었다.

"……무슨 말인지 모르겠군요."

"가쓰미 씨는 데라야마 슈지가 연필로 쓴 원고를 스미오 씨가 지우고 그 위에 그림을 그린 줄로만 알았어요. 저도 처음에는 그렇게 생각했죠. 그러면 스미오 씨는 대체 무엇으로 데라야마가 쓴 작품을 지웠을까요?"

미묘한 침묵이 흘렀다. 글씨를 지우는 도구는 하나밖에 없다.

"그야 당연히 지우개로…… 어?"

나는 입을 다물었다. 사진 속에는 지우개가 없었다.

"가쓰미 씨는 서재에 책이 아닌 다른 물건은 두지 않는 주의였어요. 스미오 씨가 원고를 지웠다면 이 방에 직접 지우개를 들고 왔다는 건데, 이 사진 속에서 그림을 그리는 데 쓴 도구는 색연필이에요. 일반적인 색연필은 지우개로 지울 수 없어요. 그러니 지우개를 갖고 들어올 이유가 없는 거죠."

"……그 당시에도 지우개로 지워지는 색연필이 있었을 텐데요."

가도노 히사에는 힘없이 반박했다. 하지만 시오리코 씨는 추궁의 고비를 늦추지 않았다.

“그럴 수도 있지만 이때 스미오 씨가 썼던 색연필은 평범한 색연필이었어요. 여기를 잘 보세요.”

시오리코 씨는 바닥에 널린 도화지 중 하나를 가리켰다. 전함의 함교 부분이었는데, 그리는 데 상당히 애를 먹은 모양이었다.

“잘못 그린 데다 엑스 표시를 했잖아요. 지우개로 지워졌으면 당연히 지우고 다시 그렸겠죠. 쓰지도 못할 지우개를 가져왔을 리가 없어요.”

그렇게 말하고 시오리코 씨는 사진과 같이 있던 낡은 종이를 펼쳤다. 거대한 전함의 일부가 회색으로 칠해져있었다. 히사에는 괴로운 듯 고개를 돌렸다.

“뼈가 부러져 마음대로 움직일 수 없었던 스미오 씨가 일부러 다른 방에 가서 지우개를 가져오지는 않았을 거예요. 만일 다른 방에 갔다면 지우개보다는 새 종이를 먼저 찾았겠죠.

아마 그날 일어난 일은 이랬을 거예요. 그림을 그리다 도화지가 모자라자 스미오 씨는 우선 손닿는 대로 서재 안을 뒤졌어요. 그러다 이미 글자가 사라진 데라야마의 친필 원고를 찾았죠. ……스미오 씨는 그 종이를 썼을 뿐이에요.”

나는 『작가의 자서전40 데라야마 슈지』의 표지를 떠올렸다.

거기 실린 작품은 「누군들 고향을 그리지 않으리」와 「지우개」라는 작품이었다. 죽은 가도노 가쓰미는 이 사진을 보고서 그 책을 펼쳐 「지우개」라는 단어로 그날 있었던 일을 알아낸 것이다.

그리고 바로 막내동생에게 전화를 걸었다.

"이 사진을 찍었을 무렵 고사쿠 씨는 수학여행으로 집에 없었어요. 컬렉션을 꼼꼼하게 관리했던 가쓰미 씨 몰래 초고를 지울 기회가 있었던 사람은 히사에 씨, 당신뿐이에요."

돌연 가도노 히사에는 몸을 웅크리고 주름진 두 손으로 얼굴을 감쌌다. 순식간에 몇 십 년은 늙은 것 같았다. 눈물을 흘리지도, 흐느끼지도 않고 그저 그 자세로 꿈쩍도 하지 않았다.

"다 털어놓고 잘못을 빌려고 했어요."

손가락 사이에서 탁한 목소리가 새어 나왔다.

"하지만 그날, 집에 돌아온 남편이 도련님을 호되게 꾸짖는 걸 봤어요. 그렇게 무서운 얼굴은 처음이었죠. 말해야겠다 했는데 도무지 입이 떨어지지 않았어요……."

그녀는 흐느껴 울었다. 하지만 고백은 계속해서 이어졌다.

"지난 30년 동안 계속 도련님의 울음소리가 귓가에서 떠나지 않았어요. 그냥 서재에서 그림을 그렸을 뿐인데, 나 때문에 그런 일을 당하고……. 그날 이후 남편이 도련님을 보는 눈빛이 달라진 걸 느꼈어요."

만일 그날 도련님 옆에 붙어있었다면, 도화지를 가져다 줬다면…….

어제 그 말은 분명 이 사람의 진심이었다. 자신이 지운 원고에다 스미오가 그림을 그릴 줄은 몰랐던 것이리라.

"왜 원고를 지운 겁니까?"

나는 히사에에게 물었다.

"서재에 남편 분이 아끼던 컬렉션이 있다는 건 알고 있었다고 하셨잖아요. 그런데 왜 그런 짓을 한 겁니까?"

가도노 히사에는 부르르 어깨를 떨었다. 시오리코 씨는 그 이유를 물으려 하지 않았다. 대충 짐작한 눈치였다.

"지에코 씨가……."

"네?"

여기서 왜 시노카와 지에코의 이름이 나오는 거지?

"당시 지에코 씨도 이 집에 자주 드나들었어요. 가족들은 모두 그녀를 무척 따랐죠. 나보다 훨씬 아름답고, 지적인 지에코 씨는…… 가쓰미 씨와도 취미가 잘 맞았어요. 귀한 고서를 구해다 가쓰미 씨에게 팔았죠. 남편은 늘어가는 장서를 저한테 보여줬어요. 지에코 씨가 구해줬다면서……."

고사쿠는 그 책들이 형의 자랑거리였다고 했다. 여자친구에게도 그 마음을 숨기지 않은 것이다.

"지에코, 지에코. 그 이름을 귀에 딱지가 앉게 듣다 보니 미칠 것 같았어요. 저는 남편을 위해 집에 드나들며 말썽꾸러기 동생까지 돌봐줬는데, 나만큼 자기한테 잘하는 사람도 없었는데, 아무 관심도 없는 사람처럼…….

이대로 가다간 지에코 씨가 가져오는 책에 남편을 뺏길지도 모른다, 나한테 관심을 잃을지도 모른다…….

정신을 차려보니 남편이 가장 아끼던 친필 원고가 손에 들려있었어요."

목구멍에서 쥐어짠 낮은 목소리가 방 안 가득히 울려 퍼졌다.

시노카와 지에코에 대한 질투로, 데라야마 슈지의 귀한 친필 원고가 이 세상에서 사라져버렸다.

그게 얼마나 엄청난 일인지 분명 히사에는 알고 있었다. 때문에 아무에게도 말하지 않은 것이다.

그러니 시노카와 지에코의 이름을 말할 수 있을 리가 없었다. 그녀와 꼭 빼닮은 딸과 마주하는 것조차 고통스러웠으리라. 그것이 그녀의 '밝힐 수 없는 사정'이었던 것이다. 시오리코 씨는 그냥 지나칠 법한 사소한 행동거지에서 부자연스러운 뭔가를 알아챈 것이다.

“미안해요, 도련님…… 미안해요.”

고백은 어느새 주문 같은 사죄로 바뀌었다.

이곳에 없는 사람에게 미안하다고 한들 무슨 소용일까?

그런 생각을 한 순간, 드르륵 소리와 함께 장지문이 열렸다.

문을 열고 들어온 사람은 가도노 스미오였다.

이곳 분위기와도, 오늘 날씨와도 어울리지 않는 히비스커스 무늬의 알로하셔츠 차림이었다. 표정은 진지했지만 금방이라도 웃음을 터뜨릴 것처럼 보였다.

“아…… 어떻게 여기에.”

“역시 여기 있었군요. 우리가 오기 전부터 있었죠?”

내 의문에 답하듯 시오리코 씨가 말했다. 남자는 씩 웃었다.

“뭐야, 알고 있었어?”

“현관에 신발이 있더라고요.”

그러고 보니 해진 운동화가 있었지. 스미오의 신발이었나?

“어제 내 어릴 적 사진이 있대서 한번 구경이나 하려고 왔어. 온 김에 『나에게 5월을』 상태도 확인할 겸. 너희가 온대서 나도 같이 만나려 했는데, 형수가 서재에 가있으라며 쫓아내더라고.”

그래서 몰래 숨어서 들었나? 그럼 방금 한 이야기도 전부 들었을 텐데, 그는 여전히 히죽히죽 웃고 있었다.

"도, 도련님, 지금까지 정말……."

"형수, 난 신경 안 써요."

그는 다정한 목소리로 그렇게 말하더니 히사에 옆에 주저앉았다. 히사에가 눈물 어린 눈으로 올려다보자 쑥스러운 듯 머리를 긁적였다.

"그때 일은 솔직히 기억도 안 나요. 형이 나한테 엄하게 대한 건 내가 못난 놈이었기 때문이고요. 형수가 지금까지 날 얼마나 감싸줬는데요. 내가 사고 칠 때마다 수습하느라 고생도 많았잖아요. 그러니까 그깟 일은 신경 안 써도 돼요."

나는 스미오의 손에서 눈을 뗄 수가 없었다. 말은 그렇게 하면서 주머니에서 꺼낸 봉투에 『나에게 5월을』을 담고 있었다. 거기다 원고와 사진까지 잊지 않고 같이 넣었다.

그리고 봉투를 들고 일어서려 했다. 히사에는 황급히 두 손으로 봉투를 잡았다.

"자, 잠깐만요. 그 책을 어쩌려는 거예요?"

"어쩌긴요. 가져가야죠. 형님은 오랫동안 날 오해한 걸 알고 이 책을 주면서 화해하려고 한 거잖아요. 시오리코, 내 말이 틀려?"

"……아뇨, 아마 그랬을 거예요."

시오리코 씨는 마지못해 고개를 끄덕였다.

"그걸 증명할 방법은 이미 없지만……."

하지만 잊지 않고 그렇게 덧붙였다. 이번에는 이 남자를 위해 수수께끼를 풀었지만, 본인이 원해서 한 일은 아니었다. 그간의 일을 생각하면 꼴도 보기 싫은 상대였을 터다.

"뭘 증명까지 한다고 그래. 형수가 좋다고 하면 그만이지. 지에코 누님한테 감정이 안 좋았으니 누님이 판 이 책도 꼴 보기 싫죠?"

"그, 그래도, 남편이 아끼던 책이에요. 계속 곁에 두고 싶어요. 이 책은 안 돼요. 돈이 필요해서 책을 팔려는 거잖아요?"

"형수."

순간 가도노 스미오의 표정이 바뀌었다. 정중하게 무릎을 꿇고 봉투를 붙잡은 히사에의 손을 꼭 잡았다.

갑자기 방안이 환해졌다. 내리던 비가 그치고 구름 사이에서 순간 태양이 얼굴을 드러낸 것이다.

"맞아요, 이 책을 팔 겁니다. 하지만 이 책을 사랑해줄 팬에게 팔 거예요. 형수는 데라야마 슈지에게 관심 없잖아요. 앞으로도 읽지 않을 테고…….

이 멋진 계절에 곰팡내 나는 서재에 처박혀있기보다 바

깥세상을 구경하는 게 책한테도 행복할 겁니다. '청춘의 씨앗은 태양 안에 있다', 데라야마도 그렇게 말하지 않았습니까? ……아, 모르죠? 그렇게 말했어요."

옆에서 시오리코 씨가 한숨을 내쉬는 게 들렸다. 되는대로 갖다 붙인 것 같았지만, 지금 상황에선 그리 빗나간 비유가 아닐지도 모른다.

"……그렇게 꽉 잡으면 책이 찢어져요."

스미오는 왠지 서글픈 표정으로 중얼거렸다. 히사에는 손을 놓았다. 그리고 다시 손을 뻗으려 하지 않았다.

"이제 다시는 여기 오지 마요. ……식구들 앞에 나타나지 말아요."

"알아요. 그러려고 했어요."

스미오는 정중히 고개를 숙였다.

"형수, 그동안 고마웠어요."

히사에의 마음이 바뀔까 걱정했는지, 스미오는 봉투를 들고 바로 자리를 떴다. 우리 역시 더는 이곳에 머무를 이유가 없었다. 이번 일은 반드시 비밀에 부치겠다는 약속을 하고 가도노 가를 나왔다.

태양은 아직 짙은 구름에 가려졌지만, 비는 내리지 않았다.

"이걸로 해결된 겁니까?"

나는 걸음을 옮기며 물었다. 왠지 석연치 않은 기분이었다.

"그렇다고 봐야죠……. 돌아가신 분의 유지는 지켜졌으니까요."

"하지만 그 책을 바로 팔아버렸잖아요. 히사에 부인도 데라야마의 친필 원고를 전부 없애버렸는데 남편에게 미안하다는 말도 못 했고요."

"돌아가신 가쓰미 씨는 동생의 성격을 잘 알고 있었어요. 그런데도 책을 물려주기로 결심하신 거죠. 동생에게 연락한 뒤에도, 부인에게 본인이 진실을 안다는 내색을 하지 않았고요. 분명 그 일로 부인을 나무랄 생각이 없었던 거예요."

"……그랬군요."

가도노 스미오도 책을 원하기는 했지만, 자기에게 죄를 뒤집어씌운 형수를 끝까지 비난하지 않았다. 이것이 그들 형제가 바란 결말이었다.

이제 우리가 나설 자리는 없다. 시노카와 지에코가 낸 '문제'를 시오리코 씨는 멋지게 해결했다.

'……설마.'

느닷없이 온몸에 소름이 돋았다.

'문제'를 냈으니 답도 이미 알고 있던 게 아닐까?

딸보다 통찰력이 뛰어난 지에코가 아무것도 몰랐을 리가

없다. 가도노 히사에의 태도로 금방 진실을 알아챘을 것이다. 아까 시오리코 씨가 그랬듯이.

만일 모든 것을 알고 있었다면, 자기 때문에 일어난 가도노 집안 사람들의 오해와 불화를 몇 십 년 동안 내버려뒀다는 얘기인가?

나는 무엇보다 그 사실이 소름끼쳤다.

고개를 저어 생각을 털어냈다.

그래, 내가 상관할 일이 아니다. 이미 끝난 일이다.

좌우지간 지금은 얼른 가게로 돌아가야 한다.

그런 생각을 하는데 시오리코 씨가 난데없이 눈앞에 우산을 내밀었다.

"이게 뭡니까?"

"아, 죄송한데…… 좀 들어주실래요?"

우리는 언덕을 내려가고 있었다. 지팡이를 들고 내려가는 게 힘든 모양이었다. 평소에는 짐을 들어주겠다고 해도 완곡히 거절했기 때문에 나도 거기에 익숙해져있었다. 내가 먼저 말했어야 하는데.

"그럼요."

우산을 건네받은 순간, 다른 손에 부드러운 감촉이 느껴졌다.

"아."

시오리코 씨가 내 손을 잡고 있었다. 고개를 숙인 채 귀까지 빨개져있었다. 다른 생각을 할 여유가 없었기에 나도 그녀의 손을 꼭 잡았다.

"어머니를 만나고 올게요."

눈은 맞추지 않았지만 목소리는 단호했다.

"하지만 꼭 돌아올 거예요. 반드시 돌아올게요. 이 손이 닿는 곳에."

언젠가 시오리코 씨가 어머니를 따라 사라지는 게 아닐까.

나는 그런 불안을 안고 있었다. 고백했을 때도 그랬다. 말로 하지는 않았지만, 어느새 그런 불안이 그녀에게 전해진 것이리라.

어쩌면 시오리코 씨 역시 같은 불안을 가지고 있으며, 이 말은 내가 아니라 자기 자신에게 들려주는 말일지도 모른다.

"알아요."

그래, 돌아올 거다.

언덕을 내려가는데 다시 비가 내리기 시작했다. 우리는 말없이 손을 놓고 우산을 썼다. 좁은 골목을 지나자 역이 보였다.

"아."

시오리코 씨가 작게 외쳤다. 그녀의 시선 끝을 본 순간 나도 숨을 삼켰다.

승강장으로 올라가는 계단에 누가 서있었다. 하얀 레인코트 차림의 긴 머리 여자였다. 옅은 색 선글라스 너머의 두 눈이 똑바로 우리를 바라보았다. 여전히 멀리서 봐서는 딸과 분간이 가질 않았다.

어떻게 우리의 동선을 파악한 건지 짐작조차 가지 않았다. 설마 이렇게 일찍 나타날 줄이야.

시오리코 씨는 지팡이를 짚고 횡단보도를 건너 지붕 밑에 있는 어머니와 마주보았다. 역으로 들어가는 입구는 하나밖에 없다.

"너무 오래 걸린 거 아니니? 시오리코."

시노카와 지에코는 그렇게 말했다.

7

우리는 텅 빈 승강장에서 모노레일을 기다렸다. 아까보다 빗줄기가 거세졌다.

나는 상행선을 타고 오후나로 돌아가고, 모녀는 에노시마로 가는 하행선을 타기로 했다. 시노카와 지에코의 제안이었다. 물론 나는 함께할 수 없었다. 이건 두 모녀의 문제였다.

"스미오가 『나에게 5월을』을 가져갔니?"

어머니는 밝은 표정으로 물었지만, 딸의 얼굴은 굳어있었다.

"……아까 가져갔어요."

"그래. 그럼 합격점을 줘야겠네. 시간은 걸렸지만."

어떤 경위로 가져갔는지는 묻지 않았다. 아까 떠올렸던 의문이 다시금 고개를 쳐들었다. 역시 진상을 알고 있었던 건가.

순간 지에코는 고개를 돌려 나를 보았다. 시선이 미간을 뚫고 들어오는 느낌이었다. 무의식적으로 숨이 멎었다.

"나한테 궁금한 게 있나 봐요?"

"……아닙니다."

이제 와서 묻는들 무슨 소용일까. 그러자 지에코의 입가에 옅은 미소가 번졌다.

"물론 전부 알고 있었어요."

등골이 오싹해졌다.

물론 나는 질문을 입 밖으로 내지 않았다. 그냥 우연히 맞춘 건가? 그게 아니라면 어떻게 내 생각을 알아챈 거지?

"어머, 내 말이 틀렸어요? 고우라 군이라면 그걸 궁금해할 거라고 생각했는데."

나는 아무 말도 하지 않았다. 태연한 척 하려던 게 아니다. 다시 내 생각을 꿰뚫어볼까 두려워 아무 반응도 할 수 없었다.

어느새 손바닥이 땀으로 흥건했다.

상행선 열차가 승강장으로 들어와 삑 소리와 함께 문이 열렸다.

"다이스케 씨."

시오리코 씨가 말했다.

"늦지 않게 돌아갈게요."

아까 느꼈던 불안이 다시 가슴을 스치고 지나갔다. 시노카와 지에코와 단둘이 둬도 정말 괜찮은 걸까? 아니, 일대일로 이야기하겠다고 결심한 건 다름 아닌 시오리코 씨다. 내가 믿어줘야 한다.

등 뒤에서 열차 출발을 알리는 경적이 울렸다.

이제 시간이 없다. 나는 고개를 들고 그녀와 눈을 맞췄다.

"가게에서 기다릴게요!"

결국 그 말밖에 할 수 없었다.

올라탄 순간 문이 닫히고 열차는 출발했다. 승강장에 남은 그녀가 풍경과 함께 사라졌다.

오후나 역에서 내린 나는 개찰구로 향했다. 모녀가 지금쯤 무슨 이야기를 나누고 있을까, 거기에 온통 신경을 쓰느라 미처 알아채지 못했다. 개찰구 앞 통로를 가로지르려던 순간, 화려한 알로하셔츠 무늬가 눈에 들어왔다.

"어?"

기둥에 기대 선 가도노 스미오의 모습이 눈앞에 보였다. 사람을 기다리는 눈치였다.

"……너희도 모노레일을 탔네. 난 차로 왔을 줄 알았는데."

여기서 만날 줄은 몰랐는지 스미오는 쑥스러운 듯 웃었다.

"가게 차가 정비 중이거든요."

나는 그렇게 대답했다.

지난 며칠 동안 이 남자에게 잔뜩 휘둘렸다. 본인의 말대로 못난 사람이었지만, 전처럼 반감을 느끼지는 않았다. 억울한 죄를 뒤집어썼던 과거를 알았기 때문인지도 모른다. 결국 억울한 죄는 하나였고, 나머지 죄는 모두 본인이 저지른 일이지만.

"시오리코는 어디 있어?"

"누굴 좀 만나느라요."

"그렇군."

스미오는 딱히 관심이 없는 표정으로 개찰구 쪽을 보았다. 시오리코 씨가 어머니와 만나는 걸 모르는 모양이었다. 문득 그의 발치를 내려다보자 큼지막한 천 가방이 놓여있었다.

"어디 가십니……."

말이 끝나기 전에 스미오가 크게 손을 흔들었다.

"여기, 여기야!"

지나가던 사람들이 다들 스미오를 돌아봤다.

개찰구 저편에서 젊은 여자가 손을 흔들며 다가왔다. 나와 비슷한 또래로, 청바지에 후드티셔츠를 입고 있었다. 근처 편의점에 가는 듯 편한 차림이었다. 긴 검은 머리와 안경이 눈길을 끌었다.

"내가 자주 가는 술집에서 아르바이트하는 대학원생이야. 데라야마의 열렬한 팬이라 석사 논문 주제도 그걸로 잡았대."

가도노 스미오는 나지막한 소리로 속삭였다. 여자는 우리 앞에 멈춰서 정중히 인사를 했다. 가까이서 보니까 기다란 얼굴형과 주근깨 자국이 눈에 들어왔다. 한눈에도 가난한 학생처럼 보였다.

두 사람은 친근하게 대화를 나눴지만 끈적한 느낌은 없었다. 아무리 봐도 친구 이상의 관계는 아닌 것 같았다.

“오라고 해서 미안해. 여기 약속한 책. 『나에게 5월을』.”

스미오는 책이 든 봉투를 여자에게 건넸다. 산다는 사람이 바로 이 여자였나. 그나저나 빠르기도 하지. 후카사와에서 나온 지 아직 한 시간도 안 됐는데.

“우와, 정말 고마워요!”

여자는 환한 얼굴로 책을 받았지만 목소리와 표정에는 당혹스런 기색이 섞여있었다.

“확인해봐.”

그녀는 심각한 표정으로 봉투에서 책을 꺼냈다. 연두색 표지를 보자마자 여자의 눈이 반짝였다. 표정이 풍부한 사람 같았다.

“웬일이야……. 이거 진짜죠?”

“그럼, 당연하지. 고서점 직원이 보장해.”

스미오는 나를 가리키며 말했다.

“기타가마쿠라의 비블리아 고서당에서 일하는 고우라라고 합니다.”

스미오의 돌발행동에 나는 하는 수 없이 인사를 건넸다.

“우리 큰형이 여기서 책을 사서…… 죽기 전에 나한테 물려준 거야.”

나는 가만히 듣고 있었다. 중간에 있었던 일들을 대부분 생략했지만, 거짓말은 아니었다.

"아, 이런, 그건 내 거야."

여자는 봉투에서 그림과 사진을 꺼내고 있었다. 스미오는 그것을 낚아채 바지 주머니에 넣었다.

"……가도노 씨."

여자가 진지한 표정으로 입을 열었다.

"그렇게 귀한 물건인데…… 정말 천 엔만 받으실 거예요?"

"네?"

나는 무의식적으로 외쳤다.

정확한 가격은 모르지만 상태가 좋으니 최소한 몇 십 만 엔은 할 텐데? 그리고 사인본이다. 천 엔이라면 공짜나 마찬가지 아닌가.

"괜찮다니까. 내 돈으로 산 책도 아닌데. 정말 이 책을 사랑하는 사람이 소중히 읽어주면 돼."

"네! 소중히 읽을게요. 정말 고맙습니다!"

여자는 연신 고개를 숙였다.

스미오는 돈을 욕심냈던 게 아니었다. '진정으로 책을 사랑해줄 팬'에게 선물할 작정이었던 것이다.

하지만 왜 그 이야기를 아무에게도 하지 않은 걸까.

"아르바이트 있지? 그만 가봐."

스미오의 재촉에 여자는 퍼뜩 고개를 들었다. 역에 걸린 전자시계를 보고 아쉬운 듯 인상을 썼다.

"네……. 귀한 선물을 받았는데 이런 데서 만나자고 해서 죄송해요. 가도노 씨도 건강하세요. 거처가 정해지면 연락 주시고요."

"알았어. 문지 보낼게."

여자는 책을 가방에 조심스레 넣고 손을 흔들며 개찰구 너머로 사라졌다.

그 뒷모습이 사라질 때쯤 나는 스미오에게 물었다.

"떠나는 겁니까?"

"어, 내가 말 안 했나? 오키나와에 가려고. 집은 아직 못 구했지만 일자리는 구했거든. 전부터 남쪽 섬에 살아보고 싶었어. 따뜻한 곳이 좋거든."

순간 가도노 스미오의 얼굴에서 웃음이 사라졌다. 아까 히사에에게 작별을 고했을 때와 같은 진지한 표정이었다. 아까 그 인사는 진심이었을지도 모른다.

"방금 보고 들은 일은 우리 식구들하고 시오리코에게는 비밀로 해줘. 알리고 싶지 않아."

"네? 왜요?"

기회가 있으면 말할 작정이었다. 그러면 이 남자를 보는 사람들의 눈도 조금은 달라질 테니까.

"모르는 게 나하고 거리를 두기 쉽잖아. 오해를 사는 게 나아. 그런 말도 있잖아. '오해가 행복을 준다면, 오해가 만족을 준다면, 나는 오해를 사랑하겠다' 라고……."

"그것도 데라야마 슈지의 시입니까?"

"……내 맘대로 인용한 것뿐이야. 내 말 같은 건 믿지 마. 난 자네가 일하는 가게에 장물을 팔아넘긴 도둑놈이니까."

가도노 스미오라는 남자를 조금은 이해할 수 있을 것 같았다. 아까 그 여자는 시오리코 씨와 조금 분위기가 비슷했다. 아니, 그녀의 어머니와 닮았다고 하는 게 정확하겠지.

형들과 마찬가지로 그 역시 시노카와 지에코를 동경했다. 그런 지에코를 빼닮은 딸이 익숙하지 않은 가게 일로 괴로워하는 걸 보았으니 가만히 있을 수 없었으리라.

시오리코 씨에게 판 책의 대부분은 장물이었지만, 모두가 장물인 것은 아니었다. 처음에는 순수하게 시오리코 씨를 도우려고 자기 책을 팔았지만, 책이 떨어지자…… 넘지 말아야 할 선을 넘어버린 게 아닐까.

어차피 물어봐도 사실대로 말해주지는 않을 것이다. 무엇보다 오해를 사랑한다고 했으니까.

"아무한테도 말 안 하겠습니다."

나는 그렇게 말했다.

"그래도 어디 사시게 될지는 연락 주시죠."

한동안 생각하더니 가도노 스미오는 고개를 끄덕였다.

"알았어……. 연락할게."

뜻밖에도 솔직한 대답이었다.

아까 그 여자에게 연락한다고 했을 때와 같은 말투인 게 마음에 걸렸지만.

그로부터 얼마 뒤, 나는 『나에게 5월을』의 재판본을 샀다.

눈앞이 어지러웠지만 꾹 참고 며칠에 걸쳐 끝까지 읽었다. 단가나 하이쿠가 많아서 다행이었다. 한 권의 책을 끝까지 읽은 건 정말 오랜만이다.

젊은이의 감성이 물씬 묻어나는 작품집이었다. 젊었을 때 쓴 책이니 당연한 소리겠지만. 물론 작품 해석을 할 능력은 없었지만 나에게는 좋은 책이었다. 말을 자아내는 기쁨과 자신감이 충만했다.

후기 같은 마지막 문장이 눈에 들어왔다.

……그리고 지금 내 나이는 충분하다. 이 작품집을 그러한 '생활을 지각하지 못하고 감상에 젖어있던' 나와 작별하는 동시에 앞으로 새 출발할 용기로 삼자. 나는 책을 버리고 거리로 나갈 것이다…….

나는 가도노 스미오를 생각했다. 귀한 초판본을 두고 먼 남쪽 나라로 떠난 남자.

이러한 연상이 올바른지는 알 수 없었다. 그 남자가 말할 법한, 되는대로 갖다 붙이는 인용이었다.

그날 개찰구에서 헤어진 뒤로 그의 소식은 들을 수 없었다.

물론 가족을 포함해 그의 연락을 받았다는 사람은 아무도 없다.

단장 3

기즈 도요타로 『시집 보통의 닭』 (쇼시기세쓰샤)

무수한 빗방울이 창문의 비스듬한 곡선을 타고 흘러내렸다.

하행선 모노레일을 탄 나는 어머니와 마주 앉아있었다. 승객은 우리뿐이었다.

다이스케 씨가 떠난 뒤로 아직 아무 말도 나누지 않았다.

교차하듯 놓인 두 우산에서 빗물이 떨어져 작은 웅덩이를 만들었다.

나는 손바닥을 내려다보았다. 아까 다이스케 씨와 마주 잡았던 손. 아직 온기가 남아있었다.

"왜 그러니?"

시야 밖에서 어머니의 목소리가 들렸다.

"고우라 군하고 손이라도 잡았어?"

나는 고개를 숙인 채 살며시 입술을 깨물었다.

어머니는 별거 아닌 눈빛이나 동작, 호흡이나 말하는 속도로 남의 마음을 읽는 데 능했다. 재빨리 책 한 권을 훑어보고 눈에 들어온 키워드를 통해 내용을 파악하듯이.

이것도 단순한 질문이 아니라 내 마음에 꽂은 책갈피 같은 것이다. 뭐라고 대답하면 그 대답을 통해 더욱 많은 정보를 알아내리라.

어릴 적 나는 어머니를 사랑했지만, 사람들의 말에서 행간을 읽어 마음 깊숙한 곳까지 파헤치려 하는 어머니의 버릇을 도저히 받아들일 수가 없었다. 때문에 어머니 앞에서는 책 이야기가 아닌 다른 화제는 꺼내지 않았다.

원래 말수가 적은 편이었던 까닭에 다른 사람들 앞에서도 말이 없어졌고, 그 결과 타인과의 의사소통에 서툰 지금의 내가 만들어졌다.

"지금 읽는 책은 뭐니?"

예전에 나와 이야기를 나눌 때면 어머니가 대화를 이어가기 위해 던졌던 질문이었다. 나는 그제야 고개를 들고 가방에서 책 한 권을 꺼냈다.

기즈 도요타로 시집 『보통의 닭』.

1983년에 한정으로 333부만 발행된 책이다. 박스도 파라핀지도 없는 책으로, 다른 고서점의 균일가 매대에서 찾았다. 다 읽으면 다이스케 씨에게 감상을 말해줄 생각이었다.

"어머, 그리워라. 멋진 시집이지."

어머니는 환하게 웃으며 말했다.

역시 읽었구나. 세상에 거의 알려지지 않은 책이고, 나도 이번에 처음 읽었는데.

"그것은 존재하는 푸른 달밤이었다
그것은 존재하지 않는 하얀 요트였다
채색되지 않은 공간은 발견되지 않은 공간이다
하지만 채색된 공간 또한 발견되지 않은 공간이다
채색되지 않은 군도群島는 발견되지 않은 군도이다
하지만 채색된 군도 또한 발견되지 않은 군도이다……."

어머니는 막힘없이 줄줄 시를 외웠다. 제목은 「그것은 존재하는 푸른 달밤이다」. 내가 가장 좋아하는 시였다. 녹음된 자신의 목소리를 들은 듯한 위화감과 그리움이 밀려들었다.

"……양동이는 기타를 포함하지 않는다
타인의 타인을 포함하지 않는다
자신의 자신을 포함하지 않는다
막연히 바다를 느낀다
떠난다

그러나 다시 되돌아온다

어머니

하고 불러도 본다

입구와 출구는 왜 하나인가…….”

그동안에도 모노레일은 산길을 달렸다. 바다까지는 아직 멀었다.

깊이 숨을 들이마셨다. 어머니를 보자고 한 건 나였다. 내가 먼저 말을 꺼내야 한다.

“난…….”

시를 외우던 어머니의 목소리가 끊겼다. 두 눈이 내 마음속을 읽으려 움직였다.

그래도 상관없었다. 그러고 싶으면 그러라지. 이제 아무것도 숨길 게 없다.

“난 다이스케 씨를 좋아해요. ……그 사람이 좋아요.”

그 말을 입에 담자마자 장밋빛 감정이 흘러넘쳤다.

퇴원하기 전에, 다이스케 씨가 일을 그만둔다고 했을 때부터 가슴을 채웠던 감정이었다. 말로 표현하기가 두려워서 줄곧 가슴 깊은 곳에 간직해두었다. 다이스케 씨가 좋아한다고 했을 때, 지난 9개월 동안 한껏 봉긋해진 커다란 꽃망울은 그제야 제 이름을 찾았다.

“그래서 사귀려고?”

“……사귈 거예요.”

“자는 게 아니고?”

“아.”

생각지도 못한 끈적한 말에 흠칫했다. 화끈 달아오른 몸이 부르르 떨렸다. 동요를 감출 수가 없었다.

“아, 아니에요! 여, 연인으로…… 사귄다는 거예요.”

그리고 시간이 지나 서로의 마음이 변하지 않는다면 결혼할지도 모른다. 다이스케 씨도 그러자고 했다.

“그 얘기를 하려고 날 만나자고 했어?”

“……아뇨.”

그런 일로 대답을 미룬 건 아니었다.

나를 주저하게 했던 건 지난 달 나를 향해 내민 어머니의 손이었다. 쓰루가오카하치만구의 도리이 앞에서 같이 떠나자, 란포의 미발표 친필 원고를 보러 가자고 나를 유혹했던 그 손…….

다이스케 씨가 내 이름을 불러주지 않았다면 나는 아마 그 손을 잡았을 것이다.

지식에 대한 갈망과 감성이 이끄는 대로 모든 것을 내던지는 어머니의 피가 이 몸에도 흐르고 있다. 언젠가 어머니가 말하지 않아도, 스스로 홀연히 자취를 감추는 날이 올지도 모른다.

"아버지 이야기를 듣고 싶어요."

나는 그렇게 말했다.

"어떻게 결혼하게 됐는지, 실제로는 어떤 사이였는지……."

가게를 지키며 두 딸을 키우는 아버지의 뒷모습을 10년 동안 지켜봐왔다. 어머니 이야기는 거의 하지 않았기 때문에 원망하는 줄 알았다. 하지만 그게 아니었다. 아버지는 결혼하기 전에 어머니가 선물한 『민들레 소녀』를 읽고 또 읽었다.

아마 세상을 떠날 때까지 계속 어머니를 그리워했으리라.

"네 아버지와 나처럼 되지 않으려고 우리 과거를 알려는 거니? 난 또 뭐라고."

"나한테는 중요한 일이에요."

차라리 어머니를 원망했더라면 얼마나 좋았을까. 하지만 떠나간 어머니를 마냥 기다리기에 10년은 너무 긴 세월이었다.

내 눈에는 지금 다이스케 씨의 뒷모습이 아버지의 뒷모습처럼 보였다. 내가 떠난 뒤에도 묵묵히 일하는 그의 모습을 상상하는 것만으로도 온몸이 얼어붙는 것 같다.

"30년 전, 벚꽃 피는 계절이었어. 네 아버지가 결혼을 전제로 사귀자고 하더구나. 첫 만남의 느낌이며 날 소중히 여기는 마음을 열심히 이야기했어. 그런 모습 상상이 안 되지?"

나는 고개를 끄덕일 수밖에 없었다. 아야카와 내가 아는 아버지와는 너무 달랐다. 아버지에게 그런 정열적인 면이 있었다니.

"나도 고민했어. 지금 네 고민과 비슷했지. 어느 날 갑자기 홀연히 사라질지도 모른다, 그런 예감이 들었으니까. 나고 자란 고향을 떠나 저 먼 곳을 향해……. 우리에겐 그런 기질이 있는 거야. 생각할 시간이 필요해서 5월 말까지 기다려달라고 했지."

뜨끔했다. 어머니도 내가 그랬듯 답을 미룬 것이다. 마치 서로 짠 것처럼.

"결국 5월 31일까지 기다리게 했어. 그날 일은 지금도 생생하게 기억 나. 그날은 휴일이었지만 우리는 가게에서 일하고 있었지. 네 아버지는 브라우티건의 『사랑의 행방』에 가격을 매기다……."

신초문고판이다. 당시에는 절판되지 않았으니 분명 균일가 매대에 내놓았으리라.

"'답을 줄래요?' 라고 했어. 나보다 나이도 많으면서 긴장한 나머지 존댓말을 쓰는 그 사람 모습이 우스웠어. 사귀겠다고 대답했지. 결혼을 원하면 하자고 했어. 하지만…… 조건을 하나 걸었어."

"조건?"

"언젠가 당신 곁을 떠날지도 모른다. 5년 뒤인지, 10년 뒤인지 장담할 수 없지만 아무 예고도, 흔적도 없이…… 그래도 좋다면 같이 살자고 했어."

강한 분노와 함께 희미한 선망을 느꼈던 걸 부정하지는 않겠다. 좋아하는 사람이 그런 식으로 자신을 받아들여준다면 얼마나 좋을까.

"말도 안 돼……. 아버지는 뭐라고 했죠?"

"상관없다. 당신이 떠나면 계속 이곳에서 기다리겠다고 했어. 그리고 그 약속을 지켰지."

나는 주먹을 꼭 쥐었다.

이 사람은 자기를 바꾸려 하지 않고 그저 자유를 추구했다. 하지만 아버지는 그런 이기적인 조건을 받아들였다.

"하지만 나와 아야카를 버렸잖아요. 그런 약속하고 상관없는 우리한테까지 피해를 주고……."

"그래, 네 말이 맞아. 난 실패했어. 그래서 네가 내 전철을 밟길 원하지 않는 거야."

"뭐라고요……?"

순간 거뭇한 위화감이 머릿속을 스치고 지나갔다. 그 원인을 알아내기 전에 어머니는 낭랑한 목소리로 말을 이었다.

"나에게 결혼은 필요 없었어. 어차피 결과는 달라지지

않았을 테니까. 상대를 외롭고 슬프게 했을 뿐이었지. ……
유일하게 마음을 연 사람이었는데.”

다이스케 씨의 슬픈 얼굴을 떠올리기만 해도 가슴이 아렸다.

“다, 당신이 떠나지 않았으면 그런 일은 없었잖아요.”

“그래, 그랬지. 내가 나 자신이 아니었다면, 자상한 남편과 예쁜 딸들과 가정을 꾸리면 책 같은 게 없어도 행복할 수 있는 여자였다면……. 넌 어떨까? 시오리코. 한 권이라도 더 읽고 싶다, 더욱 많이, 더욱 깊은 지식을 얻고 싶다, 네 안에 그런 욕구가 없다고 말할 수 있니?”

“그, 그건…… 그래도…….”

“고우라 군과 앞으로 어떻게 할지 넌 아직 결단을 내리지 못했어. 사실은 아직 망설이고 있지……. 답을 주기 전에 날 만나려 한 게 바로 그 증거야. 넌 사랑보다 깊은, 가슴 깊숙한 곳의 진실을 알려는 것뿐이야. 네가 외면하고 싶은 또 하나의 네 모습을.”

순간 차창이 새까맣게 물들었다. 길고 숨 막히는 터널을 빠져나오자 하늘은 아까보다 어두웠다.

“넌 다른 사람의 마음속 진실을 읽을 수 있어. 그런 사람은 사랑을 직접 겪을 필요가 없어. 그저 지식의 일환으로 쌓아가면 돼……. 아까 가도노 씨를 통해 연애가 가져온 비밀을 알았지? 사람의 감정, 생각을 모두 읽어내는 거야."

이제는 어머니의 목소리에서 그리 위화감이 느껴지지 않았다.

갑자기 눈앞에 역이 나타났다. 종점이었다.

"바다를 보러 가자. 너하고 단둘이서 바다에 온 게 얼마만일까?"

나는 어머니를 따라 자리에서 일어났다. 지팡이를 짚고 승강장에 내리는 나를 어머니는 조금 떨어진 곳에서 뚫어져라 바라보았다. 그리고 안내하듯 앞장서 걸었다.

"지금은 아무 생각도 하지 마. 서둘러 결론을 낼 필요도 없어……. 그저 더 많은 것들을 알아가면 돼. 가도노 씨 일을 부탁한 것도 그걸 깨달으라는 뜻이었어. 우리는 다른 사람과 깊은 관계를 맺지 않고도 그들의 마음을 꿰뚫어보는 능력을 가졌으니까."

막연히 바다를 느낀다. 나는 소리 없이 중얼거렸다. 바다까지는 걸어갈 수 있는 거리였다.

우리는 역 출구로 향했다.

"그러고 보니 『오시에와 여행하는 남자』의 초고에 대한 이야기도 아직 안 했네. 일이 아주 재미있게 됐어."

웃으며 계단을 내려가던 어머니는 위에 있는 나를 돌아보았다. 그리고 나를 향해 손을 내밀었다.

"손 잡을래? 아직 다 낫지 않았잖아."

어째서인지 다리가 후들거렸다. 중심을 잡을 수가 없었다. 비 때문인지 어스름한 계단 아래는 흡사 깊은 구멍처럼 보였다. 출구라기보다는 입구였다.

입구와 출구는 왜 하나인가

머릿속에서 누군가가 중얼거렸다. 나는 등 뒤의 승강장을 돌아보았다. 곧 오후나로 돌아가는 열차가 보였다.

떠난다 하지만 다시 되돌아온다

목소리가 또렷해졌다. 내가 잘 아는 목소리였다.

"다이스케 군……."

그러고 보니 늦지 않게 돌아오겠다고 약속했다. 바다에 가면 곧바로 돌아갈 수 없다. 『보통의 닭』의 감상도 이야기해야 한다.

뜬구름 같았던 지면이 단단한 감촉을 되찾았다. 습기를 머금은 찬바람이 뺨을 스치고 지나갔다.

나는 어머니를 내려다보았다. 새하얀 레인코트 차림의 어머니는 아름다웠다.

아쉬워하는 미소를 보자 어머니가 다시 여행을 제안하고 있다는 사실을 깨달았다. 그 여행은 분명 지식을 제외한 모든 것을 버리는 여행이리라.

"엄마."

그렇게 불러봤다.

10년 만이었다. 어째서인지 눈물이 쏟아질 것 같았다.

"망설이지 않았다면 거짓말이에요. 언젠가 엄마하고 똑같은 사람이 되어 소중한 사람에게 상처를 줄지도 모른다……. 그게 너무 두려웠어요."

어머니는 아무 말도 하지 않았다. 그저 내 눈빛을 받아줄 뿐이었다.

"하지만 결국 그렇게 된다 해도, 그전에 뭔가를 바꿀 수 있도록 노력하는 사람이고 싶어요. 다이스케 군도 그러기를 바랄 거예요……. 그렇게 믿고 싶어요."

계단 밑에서 한층 차가운 바람이 불어왔다. 마치 누군가의 목소리를 들은 듯 어머니는 역 출구 쪽을 돌아봤다.

"오늘 넌 바다에 가지 않는 게 좋겠구나."

어머니는 코트 주머니에 손을 넣은 채 천천히 계단을 내려갔다. 그 의연한 뒷모습에서 나는 눈을 뗄 수가 없었다.

"……여기 남기로 했으면, 부디 조심하렴."

마지막으로 들린 그 말이 귓가에서 떠나지 않았다. 대체 무엇을 조심하라는 거지?

이때는 아직 알지 못했다.

에필로그

리처드 브라우티건 『사랑의 행방』 (신초문고)

후지사와에서 비블리아 고서당으로 돌아온 지 얼마 지나지 않아 비가 그치고 지는 해가 모습을 드러냈다.

나는 균일가 매대에 덮어둔 비닐 커버를 벗기고, 하는 김에 회전식 간판도 걸레로 닦았다. 다시 만든 지 얼마 지나지 않았지만 최근 들어 조금 지저분해졌기 때문이다.

가게에는 나 혼자 있었다. 다시 계산대 안으로 들어갔다 깜빡하고 유리문을 닫지 않을 걸 깨달았다. 하지만 그냥 둔 채 다시 문고본에 가격을 매겼다. 어차피 영업 종료 시간이니 그때 닫으면 된다. 마침 선선한 바람이 불고 있었다.

그래, 나는 가격을 매기고 있었다. 얼마 전부터 저렴한 책들에 한해 가격을 매겨도 된다는 허락이 떨어졌다. 물론 나중에 사장님의 최종 확인을 거쳐야 하지만. 일종의 훈련 과정이었다.

나는 마지막 책을 집었다. 신초문고에서 나온 브라우티건의 『사랑의 행방』이었다. 1974년에 발행한 초판으로, 상태는 좋지 않았지만 어쩌면 절판본일지도 모른다. 그러면 조금 비싸게 불러도…….

"너무 비싸게 매기진 마세요. 하야카와문고에서 복간된 책이거든요."

고개를 들자 계산대 너머에 시오리코 씨가 서있었다. 얇은 녹색 코트 차림으로 저녁노을을 등진 그녀의 모습은 숨이 멎을 만큼 아름다웠다.

"다이스케 군, 저 왔어요."

"이제 왔어요? 이건 어떤 소설…… 소설 맞죠?"

"1971년에 발표된 미국 소설이에요. 특수한 조건에 맞는 책들이 모인 기묘한 도서관이 무대인데…… 거기서 먹고 자며 일하는 주인공 앞에 어느 날 완벽한 외모를 가진 미녀가 나타나요. 독특한 분위기의 환상적인 이야기예요."

완벽한 외모라는 말에 나는 시오리코 씨를 보았다. 물론 이곳은 도서관이 아니고, 일하는 사람도 남자가 아니라 미녀였지만.

"……상태가 별로라 균일가 매대에 내놔야겠네요."

나는 태연한 척 책을 덮었다.

시오리코 씨가 날 부르는 호칭이 '다이스케 군'으로 바뀐 건 물론 알고 있었다. 요사이 나를 그렇게 부르는 사람들과 연이어 만났기 때문일까? 하지만 '다이스케 군'이 더 친숙하게 들렸다. 앞으로도 이렇게 불러주기를 내심 기대했다.

"다이스케 군."

"네."

고개를 숙여 나오는 웃음을 참으며 매대에 내놓을 상품을 정리했다.

"지금까지 기다리게 해서 미안해요. 저기, 나하고…… 사귀어줄래요?"

순간 나는 완전히 동작을 멈췄다.

지금 고백의 답을 들은 건가?

"네?"

나는 벽에 걸린 달력을 보았다. 아무리 봐도 아직 5월이었다. 5월이 끝나려면 앞으로 5일이나 남았다.

바보처럼 벽을 바라보는 나를 보며 시오리코 씨는 말을 이었다.

"저, 저기…… 나도 다이스케 군이 조, 좋아요……."

나는 의자를 박차고 벌떡 일어났다. 그녀는 놀란 듯 흠칫

했지만 눈을 돌리려 하지 않았다. 마치 굳은 결심을 한 사람처럼. 하지만 얼굴은 새빨갰다.

"하, 한 번만 더 말해주면 안 됩니까? ……제대로 못 들었는데."

분명히 들었지만 거짓말을 했다. 다른 데를 보고 있는 동안 이런 중요한 이야기가 끝나버리다니 말도 안 되지.

"아, 네. 다이스케 군이…… 조, 좋아요. 저기, 앞으로도 잘 부탁해요."

시오리코 씨는 깍듯하게 고개를 숙였다. 중요한 말은 간신히 들릴 만큼 작은 소리로 말했지만, 다시 말해달라고 하면 안채로 도망칠 것 같다.

나는 깊이 숨을 들이마셨다. 조금 마음이 가라앉았지만 여전히 실감이 나지 않았다.

정말 우리가 사귀는 건가?

"어머님하고 이야기는 끝났어요?"

"네."

시오리코 씨가 돌아보며 눈부신 듯 눈을 가늘게 떴다. 산 너머에 있는 아득한 바다를 바라보듯이.

"무서웠어요……. 나도 언젠가 어머니처럼 멀리 떠날지도 모른다, 당신을 홀로 남겨둘지도 모른다는 생각이 들었어요. 그런 생각 때문에 답을 미루기만 했어요……."

"네? 왜 날 두고 떠난다는 겁니까?"

어머니와 무슨 이야기를 나눴는지는 모르지만 왜 그런 일로 고민하는지 이해할 수가 없었다. 어머니가 데리고 떠난다면 몰라도. 그게 아니라면 이미 내 마음은 정해져있다.

"네? 다이스케 군도 알잖아요, 우리 어머니가 어떤 사람인지. 10년 전에 홀연히 떠난 뒤로 얼마 전까지 연락조차……."

"그게 아니라, 나도 같이 가면 되잖아요."

그녀는 놀란 듯 입을 떡 벌렸다. 이토록 멍한 표정을 짓는 건 처음 봤다.

내 말이 그렇게 이상했나? 아니면 제대로 전달되지 않은 건가?

나는 헛기침을 하며 말을 이었다.

"시오리코 씨가 쫓고 싶을 만큼 재밌는 일이라면 나한테도 분명 재밌는 일일 겁니다. 그리고 어디 있어도 어차피 고서점을 할 거잖아요. 그럼 일손이 필요할 테고, 나도 공부가 되니까 좋고. ……그럼 안 됩니까?"

나름대로 열심히 설명했지만 반응이 없는 걸 보니 걱정이 됐다.

"아, 뭐, 아무것도 모르는 나 같은 놈하고는 같이 갈 수 없는 상황이라면 어쩔 수 없지만…… 꼭 따라가겠다는 게 아니라, 뭐랄까, 시오리코 씨가 싫지 않으면…….”

순간 시오리코 씨는 지팡이를 짚지 않은 쪽 손을 나에게 뻗었다. 그녀의 손이 내 앞치마를 붙잡고 자기 쪽으로 끌어당겼다. 그리고 자신도 몸을 내밀었다. 금방이라도 울음을 터뜨릴 것 같은 얼굴이 눈앞에 나타났다.

“싫기는요……. 그럴 리 없잖아요…….”

울먹이는 목소리가 입술 사이로 새어 나왔다. 촉촉한 눈망울이 눈꺼풀 아래로 모습을 감췄다. 가녀린 얼굴을 살짝 든 채 그녀는 조용히 기다리고 있었다.

나도 그녀가 무엇을 기다리는지 모를 정도로 둔하지는 않았다.

뜨거운 뺨에 손을 대고 얼굴을 가져다댄 순간이었다.

느닷없이 유리문이 날카로운 소리를 내며 흔들렸다. 나는 시오리코 씨에게서 떨어져 황급히 계산대 너머로 달려갔다. 지금까지 들어본 적 없는 소리였다.

뭔가 심상치 않은 일이 일어났다. 입구에는 아무도 없었지만, 누군가가 방금 전까지 이곳에 있었던 건 분명하다.

유리 한 장에 거미줄처럼 금이 가있었다. 돌 같은 걸 던진 것이리라.

경계를 늦추지 않고 밖으로 나가 주변을 둘러보았다. 승강장 옆 도로에는 아무도 없었다.

균일가 매대 위에 놓인 반으로 접힌 쪽지가 눈에 들어왔다. 나는 쪽지를 들고 안으로 들어왔다. 계산대 옆에 서있던 시오리코 씨가 굳은 얼굴로 물었다.

"무슨 일이에요?"

"유리문을 깬 녀석은 도망가고 없었어요."

"그 쪽지는 뭔가요?"

"바깥에 있어서 가지고 왔는데…… 이게 뭐지?"

쪽지를 뒤집자 받는 사람의 이름이 적혀있었다. 편지였다.

시노카와 시오리코에게

직접 쓴 글씨가 아니라 인쇄된 글자였다. 보낸 사람의 이름은 없었지만 왠지 불길한 예감이 들었다. 나는 천천히 종이를 펼쳤다.

"아……!"

시오리코 씨는 작게 비명을 질렀다. 나는 떨리는 손을 다잡느라 애를 썼다. 편지의 내용은 간단했다.

네가 『만년』을 바꿔치기하기 위해 삼류 연극을 했다는 사실을 알고 있다. 연락해라.

해질녘 병원 옥상에서 불타오르던 책 한 권이 뇌리를 스치고 지나갔다.

다자이 오사무의 『만년』 초판본을 지키기 위해, 복각판과 바꿔치기해 태워버린 시오리코 씨의 속임수를 알아챈 건 나밖에 없었다.

오로지 나만 아는 사실이다. 지금까지 그렇게 믿었다.

하지만 진상을 알아챈 인물이 있었다. 그날 그 자리에 있던 또 다른 인물. 지금은 보석 중이라 어느 정도 자유롭게 움직일 수 있으며, 시오리코 씨에게 깊은 증오심을 품었어도 이상할 것 없는 남자.

본문 밑에는 보낸 사람의 이름이 적혀있었다.

다나카 도시오

과거 시오리코 씨에게 깊은 상처를 입힌 장본인이었다.

작가후기

후기를 쓰는 건 열 달 만이네요. 조금이라도 빨리 쓰려고 노력했지만, 4권 이후로 꽤 시간이 흘렀네요. 기다려주신 분들 모두 죄송합니다.

『비블리아』를 쓰다 보면 책이 늘어납니다. 물론 다 이유가 있어서 구입한 책이지만, 작중에 등장한 책은 그중 극히 일부에 불과합니다.

똑같은 책이 늘어나기도 합니다. 이를테면 이번에 등장한 데즈카 오사무의 『블랙잭』. 자료 수집 차원에서 구입하는 거라고 굳게 결심했지만, 제2장 집필이 끝난 뒤 세어보니 구판 챔피언 코믹스만 해도 70권이나 사들였더군요. 참고로 25권 완결입니다. 물론 『비블리아』에는 그렇게 많이 등장하지 않습니다.

관련 서적까지 합하면 어마어마한 양입니다. 왜 매번 이렇게 되는 걸까, 이참에 생각을 해보니 '자료로 쓸지는 알 수 없지만 혹시 모르니 사자'의 반복이더군요. '혹시 모르니까'란 마음이 원인이었습니다.

하지만 그런 자료는 무척 중요합니다. '혹시 몰라서 샀는데…… 아마 안 쓰겠지'라고 생각한 책이 결과적으로는 계속 등장하는 경우가 많습니다. 보기에는 쓸모없어 보이더라도 일단 집고 보는 수밖에 없습니다. 이러니 공간이 부족해질 수밖에요.

고민도 많았지만 『비블리아』를 쓰는 동안에는 자료가 늘어나는 걸 자연의 섭리라 여기기로 하고 포기했습니다. 인간의 발길이 닿지 않은 대지에 어느새 수풀이 우거지고 생명이 탄생하는 것과 마찬가지입니다. 작디작은 인간의 의지 따위는 상관없습니다. 누구의 책임도 아닙니다. 책장을 더 사면 되는 일입니다.

자, 4권 후기에도 썼듯이 이야기는 반환점을 지나 막바지로 접어들고 있습니다. 5권을 집필하며 6권 이후의 취재와 자료 수집도 병행했습니다. 다음 권은 이보다는 빨리 전해드릴 수 있을 겁니다.

앞으로도 읽어주시면 감사하겠습니다. 잘 부탁드립니다.

미카미 엔